ELSASS & VOGESEN

Erich Elsner

⊠ Bruckmann

ZEICHENERKLÄRUNG ZU DEN TOURENKARTEN

A4 ● **9** Autobahn	✳ ✳ Aussicht
40 Hauptstraße	☒ 🏠 Einkehr/Hütte
Landstraße	☒ Ferme Auberge
Nebenstraße	🍾 ✝ Kirche/Kloster
Fahrweg	🗼 ⚊ Turm
– – – – – Fußpfad	🏛 Museum
▬▬🔲▬▬ Bahnlinie mit Bahnhof	📊 ⁎⁎ Prähistorische Fundstelle
Ⓐ ➤ Ⓔ Tourenführung mit Anfangs- und Endpunkt	📋 ⚊ Denkmal
– – – – Tourenvariante	🗿 ⌒ Höhle/Grotte
🚶‍♂️ Fernwanderweg	🏰 ♫♪ Schloß/Burg/Ruine
Colmar Sehenswerter Ort/Stadt	Ⓒ Ⓒ Camping
▲ Gipfel	⚫ Markanter Baum
᷉ Pass	✻ Sehenswert
◆ ▼ Quelle - Wasserfall	✤ Landschaftlicher Höhepunkt
🅿 Parkmöglichkeit	Ⓗ Busverbindung/ Haltestelle

VIER HAUPTKAPITEL

Einführung
Kurze Einstimmung auf das Reiseziel.

Die schönsten Wanderungen
30 Tourenvorschläge mit Kartenskizzen,
Infokästen und Tips.

Sehenswürdigkeiten von A bis Z
Die Highlights der Region.

Reise-Informationen von A bis Z
Aktuelle Infos für die Urlaubsplanung und das
Zurechtfinden vor Ort.

**PIKTOGRAMME
ERLEICHTERN
DEN ÜBERBLICK:**

Schwierigkeits-
grad:

 leicht

 mittel

anspruchsvoll

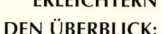 Weglänge

 Gehzeit

 Höhenunterschied

kindgerecht

**BRUCKMANNS
»SCHNELLSUCHE«**

Farben helfen Finden
Bunt hervorgehobene Stichwörter verweisen auf
das jeweilige Kapitel:

grün = Die schönsten Wanderungen

blau = Sehenswürdigkeiten von A bis Z

orange = Reise-Informationen von A bis Z

BUCH & FALTKARTE

Koordinaten zur Orientierung
Zur raschen Lokalisierung aller Sehenswürdigkeiten
und Wandervorschläge auf der beigegebenen
Reisekarte sind im Buch die entsprechenden Koordi-
naten des Kartenrasters jeweils angegeben:
Beispiel: Karte: B 4/5

In der Faltkarte wird bei
der Tour auf die Seitenzahl
im Buch verwiesen.

INHALT

WEINBERGE UND MEHR ...

Vorherige Doppelseite: Gueberschwihr ist eines der hübschen Winzerdörfer an der Elsässischen Weinstraße.

Weinberge im Sonnenlicht, frischgrün im Frühjahr, goldgelb im Herbst; Winzerdörfer, in deren engen Gassen sich im Herbst der Geruch von neuem Wein ausbreitet; Städtchen, in denen Fachwerkhäuser sich aneinanderreihen, vor deren Fenstern im Sommer Blumenkästen überquellen – Eindrücke, die dazu verführen, immer wieder die **Weinstraße** (→ **Route du Vin**) anzusteuern, welche die Winzerdörfer und Bilderbuchstädtchen miteinander verbindet. Eindrücke, die aber auch dazu anregen können, mehr sehen und wissen zu wollen von diesem rund 200 km langen Streifen Land zwischen Rhein und Vogesenkamm.

Beliebte Einkehrmöglichkeiten in der Weinregion: Weinstuben wie die Taverne Katz in Saverne.

Denn »Weinland« ist nur die **Vorbergzone,** wo zwischen 200 und 400 m Höhe in den östlichen Ausläufern der Vogesen seit Jahrhunderten die Rebstöcke wachsen, vor Westwind und Regen geschützt durch die Berge. Geringere Regenmengen und mehr Stunden Sonnenschein als in den anderen Regionen des Elsaß tragen dazu bei, daß hier jedes Jahr rund 100 Millionen der schlanken, hohen Elsässerflaschen mit Sylvaner, Riesling oder einem anderen der lokalen Weine abgefüllt werden können und daß diese Hügellandschaft so heiter-mediterran erscheint.

Doch nicht nur Wein wird im Elsaß produziert und konsumiert, auch Bier wird in einigen großen Betrieben gebraut. Hopfenstangen ragen deshalb mancherorts in den Himmel in der **Elsässischen Ebene,** dem flachen, mehrere Kilometer breiten Streifen zwischen dem Fuß der Vogesen und dem Rhein. Fruchtbar ist der Boden auch hier, ermöglicht den Anbau von Spargel, Tabak und natürlich von Kraut, dem »Rohstoff« des elsässischen Sauerkrauts, für dessen Nachschub allein in Krautergersheim, der »Hauptstadt des Sauerkrauts«, und in den benachbarten Dörfern rund 70 Kohlbauern sorgen.

Zahllose Dörfer liegen in der gesamten Ebene, jedoch in sicherem Abstand zum **Rhein,** trat dieser doch bis zu seiner vollständigen Eindeichung im Jahr 1977 mindestens einmal pro Winter über die Ufer und ergoß sich in unzählige Seitenarme. Dieses urwaldartig wuchernde Feuchtgebiet, das **Rheinried,** säumte den gesamten elsässischen Rheinabschnitt, doch heute reihen sich hier Kiesabbaugebiete

Die Weinberge liegen im Windschutz der Vogesen.

und Baggerseen – teilweise benützt als Badeseen – aneinander. Nur noch wenige dieser üppigen Auwälder sind erhalten und deshalb zu Schutzgebieten erklärt wie das Vogelschutzgebiet bei Munchhausen im Nordelsaß und die »Petite Camargue« bei Village-Neuf im äußersten Süden des Elsaß. Gleich mehrere Naturreservate liegen bei Erstein, Marckolsheim und Rhinau im **Grossen Ried** (le grand ried) zwischen → **Strasbourg** und → **Colmar**, zwischen Rhein und Ill. Denn das Flüßchen Ill, das parallel zum Rhein in Richtung Norden fließt, überschwemmt bei Hochwasser noch immer das umliegende Land, das von unzähligen kleinen Wasserläufen durchzogen ist – ein Gebiet, das sich am besten vom Boot aus erkunden läßt, auf geführten Stocherkahntouren oder vom Kanu aus.

So wie durch die Regulierung des Rheins die Anzahl der Feuchtgebiete abnahm, so nahm seit den 50er Jahren auch die Population der **Störche** ab, die hier ihr Lieblingsfutter gefunden hatten, die Lurche. Luftverschmutzung, Hochspannungsleitungen und Einsatz chemischer Mittel in der Landwirtschaft taten ein übriges, so daß in den 70er Jahren befürchtet wurde, der große Zugvogel sterbe im Elsaß aus. Doch die Initiative, den Storch im Elsaß wieder einzuführen, hatte Erfolg, und heute gehört das Bild des Storchs bereits wieder zum Elsaß dazu. Ganz aus der Nähe kann man den Stelzvogel beobachten in den Storchengehegen (parc des cigognes), die in manchen Städten angelegt wurden, u.a. bei → **Kintzheim**, → **Kaysersberg**, → **Turckheim**, → **Rouffach** und in dem größten, dem »Centre de réintroduction des cigognes« bei → **Hunawihr**.

An Wasserläufen in der Ebene entstanden alle fünf großen **Städte** des Elsaß – → **Haguenau**, → **Strasbourg**, → **Sélestat**, → **Colmar**, → **Mulhouse** –, die herangewachsen sind zu wichtigen Industriezentren, aber dennoch im Stadtkern historische Viertel und alte Stadthäuser erhalten konnten, vor allem in Colmar und in Strasbourg, der Hauptstadt des Elsaß.

Viehweiden und Felder prägen das Landschaftsbild in den Nordvogesen.

Einen Besuch wert sind jedoch alle, schon der interessanten Museen wegen wie z. B. Historisches Museum in Haguenau, Unterlinden-Museum in Colmar, Stoffdruck-Museum und Automobilmuseum in Mulhouse. Oder einfach nur, um bei einem Café au lait in einem Straßencafé in den lebhaften Fußgängerzonen die Zeit zu vergessen. Ruhe statt Trubel, Natur statt Kultur bieten hingegen die **Vogesen**, der Gebirgszug, der das Elsaß in seiner ganzen Länge im Westen begrenzt und auf dessen Kamm die Grenze zwischen Elsaß (Alsace) und Lothringen (Lorraine) verläuft. Mittelgebirgscharakter haben die **Nordvogesen** – der Teil zwischen der deutsch-französischen Grenze und dem Vallée de la Bruche –, die knapp 600 m hoch sind und dicht bedeckt von lichtem Mischwald aus Tannen und Buchen. Bizarre Felsen aus rötlichem Buntsandstein ragen heraus, häufig gekrönt von einer malerischen Burgruine wie → **Fleckenstein** und → **Wasigenstein**. Heutige Wohnorte liegen vor allem in den idyllischen Tälern wie dem Steinbachtal und dem Zinseltal, wo Ackerbau und Viehzucht überwiegen und Industrie kaum zu finden ist. Eine ländliche Idylle, welche die Touristen erfreut, aber schon so manchen Bauern dazu zwang, die Landwirtschaft aufgeben und die Bearbeitung der Felder und Wiesen einzustellen. Um dennoch den ländlichen Charakter der Region zu erhalten, wurden große Gebiete im Jahr 1975 zum **Parc Naturel Régional des Vosges du Nord** erklärt. Aufgegebenes Kulturland wird nun durch schottisches Hochlandrind beweidet, traditionelle Handwerker werden unterstützt und in 18 Museen wird die Öffentlichkeit informiert, z. B. in der Dauerausstellung »Abenteuer Nordvogesen« im Schloß von → **La Petite Pierre**.

Als **Mittlere Vogesen** wird der Gebirgsabschnitt zwischen Vallée de la Bruche und Val d'Argent bezeichnet. Höchster Gipfel ist der Donon

(1008 m; → **Grandfontaine**), einstige Kultstätte und phantastischer Aussichtspunkt ebenso wie Climont, Champ du Feu und, am westlichen Rand der Vogesen, → **Mont Ste-Odile**. Nicht nur an der Aussicht jedoch liegt es, daß rund eine Million Menschen pro Jahr den Mont Ste-Odile zu Fuß besteigen oder anfahren, sondern an der Bedeutung des Orts für das Elsaß: Dort oben befindet sich die Wallfahrtsstätte mit dem Grab der heiligen Odilia, der Nationalheiligen des Elsaß.

Die Ausblicke sind es auch, die den Reiz der **Süd- oder Hochvogesen** ausmachen: Besteigt man von der → **Route des Crêtes**, der phantastischen Kammstraße aus, einen der Aussichtspunkte am Vogesenkamm von Westen her, gelangt man abrupt vor einen felsigen Steilabfall (corniche), an dessen Fuß nicht selten ein kleiner See schimmert. Dunkle Gewässer, allesamt Karseen, die auf der Ostseite des Kamms vor rund 10 000 Jahren entstanden, als sich die Gletscher, die zuvor die Südvogesen bedeckten, zurückzogen und dabei diese steilwandigen Hohlformen ausschürften. In diesen Karen fühlen sich die wieder eingeführten Gemsen wohl, deren Zahl auf mehrere Hundert angewachsen ist und die man als Wanderer auch durchaus zu Gesicht bekommt.

So ausgeprägt alpin ist der Charakter der Vogesen jedoch nur direkt am Kamm, und zwar besonders nördlich und südlich des Col de la Schlucht, von wo aus ein steigartiger Felsenweg zum Hohneck führt. Sanft gerundet und von Westen her leicht zu besteigen jedoch sind die höchsten Berge, die »ballons«, sind sie doch eher Kuppen als spitz zulaufende Gipfel. Mit 1424 m am höchsten ist der Grand Ballon, von dem man, ebenso wie vom Petit Ballon, vom Ballon d'Alsace oder manchem anderen, ungehindert in die Weite blickt, in die Elsässische Ebene und auf die in Richtung Westen sanft auslaufenden Vogesen. Denn ab einer Höhe von 1200 m sind die Berge kahl. Nur noch vereinzelte Krüppelbuchen halten den heftigen Westwinden stand, sind angepaßt an den mitunter lang liegenden Schnee. »Hautes chaumes« werden diese von Natur aus baumfreien Flächen genannt, auf denen Besenheide und Heidelbeeren sowie alpine Pflanzen wachsen. Kaum ist der Schnee abgetaut, erscheinen winzige Vogesen-Stiefmütterchen, Narzissen und weiße Berg Küchenschellen, später folgen Gelber Enzian und Gelbes Veilchen.

Als Weidegebiet wurden diese Flächen bereits ab dem 10. Jh. ge-

Attraktionen in den nördlichen Vogesen: Burgruinen oberhalb steiler Sandsteinfelsen.

nutzt, später ergänzt durch etwas tiefer gelegene Rodungsflächen. Auch heute noch werden im Mai bzw. Juni die stämmigen, schwarz-weißen Vogesenrinder auf diese Weiden getrieben, wo sie bis September bzw. Mitte Oktober bleiben. In den Bergbauernhöfen kehrt dann Leben ein: Hier wird die fettreiche Milch der Rinder zu Butter und dem berühmten Munster-Käse verarbeitet. Einige dieser »fermes« haben sich seit Beginn dieses Jahrhunderts auf Gäste eingestellt, bieten Käse, Speck und die sogenannte Melkermahlzeit (repas marcaire) an und nennen sich dann »ferme auberge«. Ein Angebot, das viele Wanderer begeistert annehmen, sitzt es sich doch recht gemütlich in den meist urigen Räumen oder vor dem Haus mit Blick in die Ferne.

Diese Höfe waren lange Zeit die einzige Art von Besiedlung auf den Höhen der Vogesen und wurden erst in den letzten Jahrzehnten ergänzt durch Ausflugslokale an den Pässen, den »cols«, sowie Hotels und Unterkünften an den relativ zahlreichen Skiliften. Um die wirtschaftliche Erschließung zu kontrollieren und die Natur zu schützen, wurde eine 3000 qkm große Fläche zum **Parc Naturel Régional des Ballons des Vosges** erklärt. Anschauliche Informationen über diesen Naturpark erhält man im Maison du Parc (1, cour de l'Abbaye; 1. Mai–30. Sept. tgl. außer Mo., 1. Okt.–30. April Di.–Fr.) in Munster, dem Zentrum des Vallée de Munster, wohl dem schönsten der Vogesentäler.

Als Meister-werk der Gotik gilt die figurenge-schmückte Fassade des Straßburger Münsters.

Zeugnisse vergangener Zeiten

Fliehburgen und Heidenmauern: Fruchtbar war die Ebene zwischen Rhein und Vogesen, günstig das Klima in den Vorbergen, und so ließen sich hier etwa ab dem 6. Jahrtausend v. Chr. erste Bauern nieder. Mehrere tausend Jahre später begannen die Menschen damit, bei Gefahr mitsamt ihrem Vieh Schutz zu suchen in großflächigen Fliehburgen. Auf Bergrücken, die leicht zu verteidigen waren, bauten sie mächtige Wälle wie die gut erhaltene »Heidenmauer« auf dem Mont Ste-Odile, wo, so nimmt man an, ca. 2000 Menschen fünf Jahre arbeiten mußten, um die rund 300.000 Steinblöcke zu brechen und aufzuschichten.

Römische Kultstätten und Straßen: Im letzten Jahrtausend v. Chr. wanderten keltische Stämme von Osten her ins heutige Frankreich ein und ließen sich auch im Elsaß nieder. Ab dem 4. Jh. v. Chr. folgten germanische Stämme, die jedoch Julius Caesar – er machte im Jahr 52 v. Chr. das heutige Frankreich zur Provinz Gallien – als Bedrohung des Römischen Reichs empfand. Im Kampf gegen die unter dem Heerführer Ariovist Kämpfenden (58 v. Chr.) waren die römischen Truppen erfolgreich, und der Rhein wurde die Grenze zwischen Gallien und Germanien. Die Römer sicherten ihren Besitz durch Militärlager, z. B. Argentoratum (→ **Strasbourg**), durchzogen ihn mit Verkehrswegen, legten Siedlungen an, bauten Wein an und errichteten Kultstätten.

Auch heute noch kann man den Spuren der Römer folgen: bei einer Besteigung des Donon (→ **Grandfontaine**), auf dem noch Überreste einer Kultstätte zu sehen sind; bei einer Radtour auf einer schnurgeraden ehemaligen Römerstraße, die zwischen → **Kintzheim** und Bennwihr parallel zur Weinstraße verläuft; bei einem Besuch des Gallo-Römischen Museums in Biesheim (Place de la Mairie; Mi./Fr./Sa./So. 14–18 Uhr, Do. 9–13 Uhr; nördlich von Neuf-Brisach).

Highlights/Tips

- **Heidenmauer am Mont Ste-Odile** Monumentales Bauwerk von 10 km Länge, aufgeschichtet aus Steinblöcken
- **Burgruine Fleckenstein** Zeigt eindrucksvoll mittelalterliches Wohnen am Fels
- **Kirche Sts-Pierre et Paul in Rosheim** Wuchtige Romanik, origineller Figurenschmuck
- **Münster in Strasbourg** Einzigartige Fassade, himmelstrebend und filigran

Haufendörfer: In die römische Provinz, aus der sich die Legionäre zurückzogen, drängten im 4./5. Jh. die Alemannen. »Alisazano«, die von der anderen Seite des Rheins, wurden sie genannt, was vermutlich zum heutigen Namen Elsaß führte. Sie bauten im heutigen Elsaß und in Teilen Lothringens einen eigenen Herrschaftsbereich auf und siedelten in der Ebene in unzähligen Haufendörfern, heute noch an der Endung »-heim« zu erkennen.

Klöster: 496 besiegten die fränkischen Merowinger die Alemannen, und das Gebiet des Elsaß wurde dem Frankenreich eingegliedert. Ab dem 6. Jh. entstanden die ersten Klöster, u. a. in → **Wissembourg** (7. Jh.), Ebersmünster (7. Jh.), Murbach (8. Jh.), → **Marmoutier** (8. Jh.), Neuwiller-lès-Saverne (8. Jh.) und Andlau (9. Jh.). Angelegt wurden die meisten am Fuß der Vogesen, vorzugsweise an den Eingängen von Tälern. Die Mönche rodeten und betrieben Landwirtschaft, konnten aber auch lesen und schreiben, und so wurden die Klöster zu wichtigen Zentren, deren Macht noch dadurch wuchs, daß Edelleute ihnen Besitz und Boden vermachten.

Die Klosteranlagen sind weitgehend verschwunden, erhalten blieben jedoch einige eindrucksvolle, im romanischen Stil erbaute Klosterkirchen sowie die Kreuzgänge in → **Wissembourg** und in → **Colmar** im ehemaligen Dominikanerkloster, in dem heute das Unterlinden-Museum untergebracht ist.

Burgen: Um das Jahr 1000 begannen die großen Adelsgeschlechter damit, auf günstig gelegenen Bergen zum Schutz ihres Besitzes Burgen zu erbauen. Von rund 100 mittelalterlichen Burgen sind noch Mauerreste erhalten. Die beeindruckendsten Zeugnisse dieser Zeit sind → **Fleckenstein**, → **Wasigenstein** in den nördlichsten Vogesen, Haut-Barr bei → **Saverne**, Nideck im Haseltal, → **Ortenbourg** am Eingang zum Val de Villé, die Burgen bei Andlau, → **Ribeauvillé** und Eguisheim, die Hohlandsbourg bei → **Turckheim** und natürlich die → **Haut-Koenigsburg**, eine Ritterburg wie aus dem Märchen, wurde sie doch um die Wende vom 19. zum 20. Jh. komplett wieder aufgebaut und eingerichtet.

Die Kirche Sts-Peter et Paul in Ottmarsheim ist eine der sehenswerten romanischen Kirchen im Elsaß.

Romanische Kirchen: Als Sitz einer Kaiserpfalz wählten die Staufer, die ab 1138 die Kaiser stellten, → **Haguenau**, das dadurch zum politischen und wirtschaftlichen Mittelpunkt des Heiligen Römischen Reichs Deutscher Nation wurde. Von dieser Blütezeit zeugen rund 20 Klosterkirchen und viele kleinere Kirchen im romanischen Stil. Die Touristenstraße Route Romane führt zu den wichtigsten Standorten von romanischen Bauten, u. a. nach Rosheim zur Kirche Sts-Peter et Paul, der am besten erhaltenen romanischen Kirche des Elsaß, und zur Maison Romane, wo eine Ausstellung über das tägliche Leben im Mittelalter informiert; nach Epfig zur kleinen Margarethenkapelle; nach Ottmarsheim zur achteckigen Kirche Sts-Peter et Paul.

Mittelalterliche Städte: Während der Stauferzeit entstanden zahlreiche Städte, von denen elf direkt dem Kaiser unterstanden. 1354 schlossen sich zehn dieser Freien Reichsstädte, die vor allem durch den Handel mit Wein zu Reichtum gekommen waren, zu ihrem gegenseitigen Schutz zum Zehnstädtebund zusammen. Besonders gut erhalten ist der mittelalterliche Charakter in

→ **Kaysersberg**, → **Turckheim** und → **Colmar**. Aber auch in einigen der kleineren Städte, die einst befestigt waren – insgesamt rund 40 an der Zahl –, sind die engen Gassen, die Tore und Mauern erhalten geblieben, z. B. in → **Bergheim**, in → **Kientzheim** und in → **Riquewihr**, der bekanntesten von allen.

Gotische Kirchen: Ab 1230 setzte sich im Elsaß der gotische Baustil durch, nachdem Baumeister aus Chartres und Sens nach → **Strasbourg** gekommen waren und dort am Bau des Münsters arbeiteten, dem gewaltigsten der gotischen Bauwerke im Elsaß. Ebenfalls beeindruckend sind die Kirche St-Thiébaut in → **Thann** und die Kirche St-Jean in Niederhaslach.

Renaissance-Gebäude: Ab 1535 wurden die steinernen Bürger- und Adelshäuser sowie öffentlichen Gebäude im Stil der Renaissance ausgestattet mit Volutengiebeln, Erkern, Treppentürmchen und aufwendig gestalteten Portalen. Besonders schöne Beispiele sind das Maison des Têtes in → **Colmar**, die Metzig in Molsheim, das Maison de l'Ami Fritz in → **Wissembourg**, das Schickhardt-Haus in → **Riquewihr**.

Schlachtfelder und Schützengräben: Im Deutsch-Französischen Krieg von 1870/71, in dem die französischen Truppen unterlagen, fanden heftige Kämpfe statt auf dem Schlachtfeld bei Woerth (Nordelsaß), wo rund 20 000 Soldaten fielen und woran heute zahlreiche Ehrenmäler sowie ein »Musée de la Bataille« (Woerth, 2, rue du Moulin, Tel. 03 88 09 30 21; tgl. außer Di. 14–17 Uhr) erinnern.

Zu Beginn des Ersten Weltkriegs erklärte die deutsche Regierung Frankreich den Krieg. Zehntausende starben an der Frontlinie in den Vogesen, vor allem am → **Hartmannswillerkopf** und am → **Lingekopf**, eindrücklich bezeugt durch Schützengräben und Militärfriedhöfe. Nach der deutschen Kapitulation fiel das Elsaß wieder an Frankreich zurück.

Ab 1930 wurde von französischer Seite aus ein Verteidigungssystem erbaut, die Ligne Maginot, mit Bunkeranlagen und Kasematten, welche im 2. Weltkrieg von der deutschen Armee angegriffen wurde. Die Forts können in → **Lembach** und Schoenenbourg (Juli/Aug. jeweils nachmittags, März–Okt. 1. So. im Monat), die Kasematten in Hatten (mit Bunkermuseum; März–Okt. nur Fr., Sa., So.; Juli und Aug. tgl.) besichtigt werden. In Marckolsheim wurde in einer Bunkeranlage das Musée Mémorial de la Ligne Maginot (15.6.–15.9. tgl., 15.3.–14.6. und 16.9.–15.11. an Sonn- und Feiertagen) eingerichtet.

Toleranz als geschichtliche Folge

Das Elsaß besteht aus zwei Départements: Bas-Rhin (Unterelsaß) im Norden und Haut-Rhin (Oberelsaß) im Süden. Die deutsch-romani-

sche Sprachgrenze, die sich bereits um das Jahr 1000 etablierte, verläuft im Norden einige Kilometer östlich der elsässisch-lothringischen Grenze und ist in den Südvogesen weitgehend identisch mit dieser. Erste Umgangssprache ist Französisch, doch viele, vor allem die älteren Elsässer auf dem Land, sprechen außer Französisch und ihrem Dialekt, dem »Elsässerditsch«, auch Deutsch und springen im Gespräch

Im romanisch-gotischen Übergangsstil wurde die Kirche Notre-Dame de l'Assomption in Rouffach erbaut.

zwischen diesen Sprachen mühelos hin und her.

Als Folge der Reformation, in der → **Strasbourg** das Zentrum der Reformbewegung war, wurde etwa ein Drittel der Gemeinden protestantisch, was sich bis heute kaum verändert hat. 1648 fiel das Elsaß an das katholische Frankreich, doch den Protestanten wurde ein Sonderstatus eingeräumt. Deshalb stößt man im Elsaß häufig auf Simultankirchen, d. h. Kirchen, in denen sowohl die Katholiken als auch die Protestanten ihren Gottesdienst abhalten.

Traditionsreiche Feste und farbenprächtige Veranstaltungen

Sauerkrautfest, Kougelhopf-Fest, Fleischpasteten-Fest, Kirschen- und Kirschwasserfest, Bierfest, Weinfest – kulinarisch orientiert sind zahlreiche Veranstaltungen, die hauptsächlich zwischen Mai und Oktober stattfinden und über die der jeweils aktuelle Veranstaltungskalender informiert (erhältlich in den Touristenbüros). Bekannt ist z. B. das Kirschenfest in Thannenkirch (erstes Juli-Wochenende) mit großem historischen Umzug und das Hopfenfest (Fête du Houblon) mit internationaler Folklore in → **Haguenau** (August).

Äußerst beliebt sind **Folklore-Veranstaltungen**, bei denen die farbenprächtigen Elsässer Trachten getragen werden, u. a. bei den Folkloreabenden in → **Colmar** (Place de l'Ancienne Douane, Mitte Mai– Mitte Sept. jeweils Di. 20.30 Uhr) und bei den Trachtentänzen in → **Strasbourg** (Hof des Château des Rohan, jeden Sonntagmorgen im Juli). Tracht getragen wird auch bei einigen Festen, z. B. bei dem seit 1864 stattfindenden Pfingstfest in → **Wissembourg**; bei der »Streisselhochzeit« in Seebach, wo Szenen aus alten Zeiten nachgestellt werden (Juli); beim Trachtenfest »Hans em Schnokeloch« in → **Obernai** (Juli); bei der »Mariage de L'Ami Fritz« in Marlenheim, wo die Hochzeit des Freundes Fritz, einer populären Romanfigur aus dem gleichnamigen Roman von Erckmann/Chatrian (1864), unter Mitwirkung zahlreicher elsässischer Folkloregruppen gefeiert wird (August); beim »Pfifferdaj« (Pfeifertag) in → **Ribeauvillé**, wo das seit Jahrhunderten begangene Treffen der Pfeifer mit historischen Umzügen gefeiert wird (erster Sonntag im September); beim Weinlesefest in Barr, dem Jahrestreff aller Winzerfamilien mit großem Festumzug (erster Oktobersonntag).

Doch auch Kulturgenuß wird angeboten: In mehreren Kirchen finden im Sommer **Konzerte** statt, z. B. in den romanischen Kirchen von Alspach (bei → **Kaysersberg**) und → **Marmoutier** (Silbermannorgel; letzter Septembersonntag), in der barocken Kirche von Ebersmünster (Silbermannorgel), in der Kirche St-Martin in → **Colmar** (Mitte August–Mitte Sept. jeden Do. um 20.45 Uhr). Ein internationales Ereignis ist das Musikfestival in Colmar (erste Julihälfte) mit 30 klassischen Konzerten, u. a. im alten Koïfhus und in der Kirche St-Matthieu. Um New-Orleans-Jazz, Blues und Gospels hingegen geht es beim Jazz Festival in Munster (erste Maihälfte).

Johannisfeuer werden an mehreren Orten in den Tälern und auf manchen Gipfeln der Vogesen um den 24. Juni entzündet, z. B. im → **Vallée de la Thur** und auf dem Ballon d'Alsace. Das Entzünden der riesigen Scheiterhaufen geht auf das heidnische Sonnwendfest zurück. Ebenfalls einen alten Brauch als Ursprung hat die Tannenverbrennung in → **Thann** (30. Juni), wobei drei Tannen verbrannt werden.

»**Christkindelsmärik**« heißen die vorweihnachtlichen Märkte, die in manchen Städten schon seit 500 Jahren stattfinden. Bunte Marktstände, der Duft von »Bredele«, den Elsässer Weihnachtsplätzchen, Weihnachtslieder, Kerzen – und das alles vor der Kulisse mittelalterlicher Fachwerkhäuser oder gar des Straßburger Münsters, das hat schon einen besonderen Reiz. Außer dem Markt in → **Strasbourg** gelten diejenigen in → **Colmar**, → **Kaysersberg**,

Essen & Trinken

- •**Foie gras** Gehaltvolle Paté aus der Stopfleber von Gans (oie) oder Ente (canard)
- •**Baeckeoffa** Im Backofen gegarter, herzhafter Eintopf mit Fleisch, Kartoffeln und Zwiebeln
- •**Flammenkuchen** Hauchdünner Kuchen, bestrichen mit Sahne und belegt mit Speck- und Zwiebelwürfeln
- •**Choucroute garnie** Deftiges Sauerkrautgericht mit Speck, Würstchen und Eisbein

→ **Bouxwiller**, → **Sélestat** und Rosheim zu den meistbesuchten.

Ein Paradies für Outdoor-Aktivitäten

Angeln (Pêche): In zahlreichen Flüssen und Kanälen kann geangelt werden, jedoch nur mit Genehmigung. Wo und wie man diese bekommt, darüber informiert der Verband für Fischerei und Gewässerschutz (Fédération pour la Pêche et la Protection du Milieu Aquatique) im Unterelsaß: 1, rue de Noméry, 67100 Strasbourg, Tel. 03 88 34 51 86; im Oberelsaß: 29, avenue de Colmar, 68200 Mulhouse, Tel. 03 89 59 06 88.

Auch zahlreiche Fischweiher stehen in der Regel an Sonn- und Feiertagen den Anglern zur Verfügung. Angelkarten können dann vor Ort erworben werden.

Gleitschirmsegeln (parapente): An schönen Tagen sieht man häufig

die farbenprächtigen Gleitschirme über den Gipfeln der Vogesen schweben. Startplätze sind ausgeschildert, z.B. am Col de Platzerwasel und am Drumont, und auf den IGN-Karten 1:25 000 eingezeichnet. Erlernen kann man diesen Sport u.a. bei: Centre École de Vol Libre du Markstein, Chalet Le Point, 68610 Le Markstein, Tel. 03 89 82 68 54 oder bei: École Européenne de Vol Libre, Zone Artisanale, 68830 Oderen, Tel. 03 89 82 17 16.

Gleitschirmsegeln ist in den Hochvogesen recht beliebt.

Kanufahren (randonnées Canoës): Etwa 40 Wasserläufe können im Frühjahr, rund 30 im Sommer auf einer Länge von insgesamt ca. 600 km mit Kanus oder Kajaks befahren werden. Dabei handelt es sich sowohl um nicht regulierte Flüßchen als auch um begradigte Wasserläufe sowie Kanäle. Ein Führer ist erhältlich bei: Ligue d'Alsace de Canoë Kayak, 15, rue de Genève, 67000 Strasbourg, Tel. 03 88 21 10 66. Einführungskurse in das Kanufahren werden angeboten bei: Centre d'Activités de Plein Air, 8, allée des Marronniers, 68330 Huningue, Tel. 03 89 69 05 25. Kanus ausleihen, z. B. für Tagesfahrten auf der Ill zwischen Illhäusern und Strasbourg, kann man bei Canoë du Ried, 4, Passage Carola, 68150 Ribeauvillé, Tel.

03 89 73 84 82.

Mountainbike (vélo tout terrain; »VTT«): Für Mountainbike-Fahrer wird viel getan im Elsaß: Zahlreiche Rundwege unterschiedlichster Länge sind markiert, vor allem in den Vogesen. 12 Touren im Naturpark Ballons des Vosges beschreibt die Broschüre »Ausflüge mit dem Mountainbike«, die gratis u. a. im Maison du Parc in Munster erhältlich ist. Weitere Informationen und Karten zu »circuits VTT« sind beinahe in jedem Touristenbüro erhältlich.

Radfahren (cyclotourisme): Tagesrundtouren oder mehrtägige Streckentouren – beides ist möglich im Elsaß, wo in den letzten Jahren zahlreiche Radwege markiert wurden, u. a. im Lautertal bei → **Wissembourg**, auf einer stillgelegten Bahntrasse von → **Haguenau** nach → **Lembach**, entlang dem Canal de la Bruche sowie dem Canal de la Marne au Rhin, parallel zur Weinstraße zwischen → **Sélestat** und → **Colmar**, im → **Vallée de la Thur** und im → **Vallée de la Doller**. Dennoch gibt es noch nicht so viele Radwege, daß man von einem dichten Radwegenetz sprechen könnte; doch kann man auch auf ruhigen Landsträßchen radeln. Wer Streckentouren vorzieht, kann Zugtransfers in seine Planung miteinbeziehen, denn Räder werden mitgenommen.

Highlights/Tips

- **Grand Ried** Natur pur bei einer Stocherkahnfahrt auf der Ill oder den Altarmen des Rheins
- **Weinlehrpfad »Les Perles des vignobles«** bei **Riquewihr** Durch malerische Weinorte im Herzen des Reblands
- **Parc des Cigognes** bei **Hunawihr** Wo mehr als 100 Störche stolzieren, klappern, kreisen
- **Le Hohneck an der Route des Crêtes** Spektakuläre Blicke in felsige Talkessel

Reiterurlaub (tourisme équestre): Reitunterricht, Halbtags- oder Ganztagstouren mit Begleitung, Verleih von Reitpferden – groß ist das Angebot für Reiter, und zahlreich sind die Reiterzentren (centres de tourisme équestre). Beliebt ist auch das Freizeit- oder Wanderreiten, d. h. mehrere Tage im Sattel unterwegs zu sein und in ländlichen Unterkünften für Reiter und Pferd (gîtes et relais équestres) zu übernachten. Wer das betreute Reiten in der Gruppe bevorzugt, bucht ein Pauschalangebot mit Gepäcktransport bei Ferme Équestre Fjord, 67510 Obersteinbach, Tel. 03 88 09 56 84 oder bei Relais du Grand Ried, 67600 Rathsamhausen, Tel. 03 88 82 85 04. Wer allein unterwegs sein möchte, kann die Organisation der »Großen Reitroute durchs Elsaß« in Auftrag geben bei Itinerance, 67150 Gerstheim, Tel. 03 88 98 38 27. Will man alles selbst organisieren, ist die Broschüre »Tourisme équestre« mit dem Verzeichnis aller Reiterunterkünfte sehr nützlich (erhältlich in den Touristenbüros).

1 Burgruinen im Naturpark Nordvogesen

Col du Litschhof – Burgruine Loewenstein – Burgruine Hohenbourg –
Burgruine Fleckenstein – Gimbelhof – Col du Litschhof   Karte: H2

 leicht–mittel

 8 km

 2½ Std.

 300 m

An manchen Tagen ist diese attraktive und auch für Kinder geeignete Tour recht stark frequentiert.

Tourencharakter: Überwiegend im Wald verlaufende Rundwanderung mit einem längeren Anstieg zu Beginn; herrliche Ausblicke.
Beste Jahreszeit: April–Oktober.
Ausgangs-/Endpunkt: Parkplatz am Col du Litschhof.
Wanderkarte: TOP 25, 1:25 000, Blatt 3814 ET (Haguenau, Wissembourg).
Markierung: Col du Litschhof – Col du Hohenbourg roter Balken; über Loewenstein und Hohenbourg zum Maidenbrunnen rot-weiß-roter Balken; bis Fleckenstein roter Balken; zum Gimbelhof rot-weiß-roter Balken; zum Col du Litschhof blauer Punkt.

Verkehrsanbindung: Von Haguenau auf der D27 über Woerth nach Lembach oder von Wissembourg aus auf der D3; durch den Ort und nach 3 km rechts abbiegen auf die D925; nach 1,5 km erneut rechts abbiegen zum Col du Litschhof/Gimbelhof. Keine Busverbindung.
Einkehr: Hotel-Restaurant Gimbelhof mit großer Gartenterrasse (Ruhetag: Mo., Di.).
Unterkunft: Hotel Gimbelhof, Tel. 0388944358.
Tourist-Info: Office de Tourisme, F-67510 Lembach, Tel. 0388944316.

An der Wanderstrecke liegen nicht nur drei Burgruinen, erbaut auf Sandsteinfelsen, die über den Wald hinausragen und dadurch herrliche Ausblicke auf die bewaldete Umgebung bieten, sondern liegt auch das Ausflugslokal Gimbelhof mit Gartenwirtschaft.

Vorherige Doppelseite: Eine der Hauptattraktionen im Elsaß ist die wiederaufgebaute Haut-Koenigsbourg.

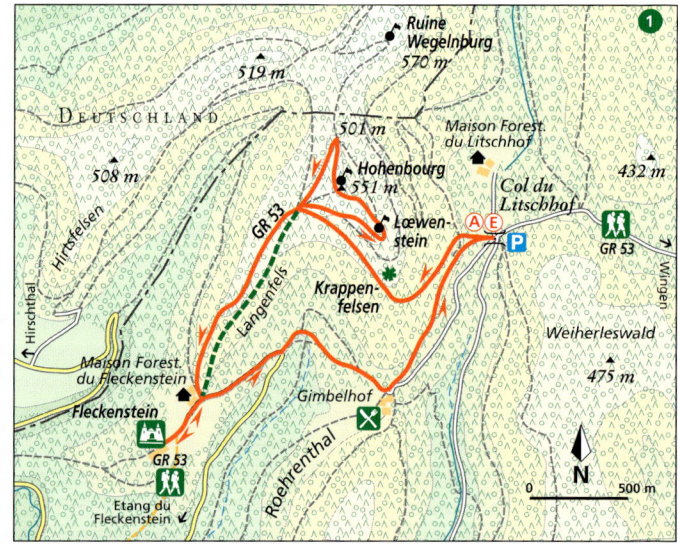

1

Wegverlauf

Vom Parkplatz im **Col du Litschhof** (334 m) folgen wir einem breiten Fahrweg, (roter Balken; u. a. Loewenstein), biegen nach 50 m rechts ab auf einen Waldweg (roter Balken) und steigen am bewaldeten Hang des Schlossbergs stetig an. Unterhalb des mächtigen Krappenfelsens stoßen wir auf einen querlaufenden Forstweg, der nach links zu einer Wegkreuzung im **Col du Hohenbourg** (475 m) führt. Nach rechts (rot-weiß-roter Balken) steigen wir weiter an zu einem felsigen Bergsporn, auf dem sich die wenigen Mauerreste der teilweise in den Fels gehauenen **Burg Loewenstein** (540 m) befinden.

Metalleitern ermöglichen den Zugang zur Ruine, die auf zwei steil abfallenden Sandsteinfelsen im 13. Jh. erbaut wurde, vermutlich durch die Herren von Loewenstein, doch bereits im 14. Jh. geschleift wurde, um die Raubritter zu vertreiben, die sich hier niedergelassen hatten. Rund 100 Jahre später wurde sie wieder aufgebaut als Vorwerk der nur wenige hundert Meter entfernten Hohenbourg und wie diese im 17. Jh. zerstört. Von der Burg aus sind die zahlreichen bewaldeten Höhenrücken im elsässisch-pfälzischen Grenzgebiet zu überblicken.

Wenige Minuten später erreichen wir die Ruine der **Hohenbourg** (553 m), im 13. Jh. erbaut durch die Staufer, damals Kaiser des Heiligen Römischen Reichs deutscher Nation. Umfangreiche Mauerreste mit einem aus dem Fels gehauenen steilen Treppengang, ein 130 m tiefer Brunnenschacht, die interessante Ornamentik an Tor- und Türfassungen (16. Jh.) und, vor allem, der hervorragende Rundblick machen diese Burgruine zu einem wirklich lohnenden Zwischenziel. Abgetretene Stufen führen durch niedere Durchgänge hinauf zum höchsten Punkt, von wo aus die Burgruine Wegelnburg, die bewaldeten Bergketten der Nordvogesen und des Pfälzer Berglands, bei klarer Sicht auch das → **Straßburger Münster** und, im Südwesten, der Donon (1008 m; → **Grandfontaine**) zu sehen sind.

Beliebte Wanderziele in den Nordvogesen sind die Burgruinen, z. B. die Hohenbourg.

*Von der Burg-
ruine Loewen-
stein blickt
man über die
bewaldeten
Höhenrücken
der Nord-
vogesen.*

Bequem bergab gelangen wir zum Maidenbrunnen (501 m) und
wenden uns nach links (roter Balken), wenig später an einer Weggabelung nach rechts bergab (roter Balken) zu der uns vom Aufstieg
her schon bekannten Wegkreuzung im **Col du Hohenbourg**.
Während trittsichere(!) Wanderer geradeaus weitergehen können
(rotes Dreieck) – auf diesem Weg steigt man über den Langenfels zum
Maison Forestière du Fleckenstein ab –, führt der breite »Normalweg«
halb rechts (roter Balken) entlang des Hangs recht steil hinunter zu
den großen Gebäuden des Maison Forestière du Fleckenstein und zur
Zufahrt der Burgruine Fleckenstein. Nach rechts, vorbei an einem
Parkplatz, gelangen wir kurz darauf zur beeindruckenden Burgruine
→ **Fleckenstein**.
Von der Burgruine kehren wir zurück zum Parkplatz, folgen der
Fleckenstein-Zufahrtsstraße hangabwärts und halten uns nach weni-
gen hundert Metern in einer Rechtskehre der Straße geradeaus auf
einem Waldweg (rot-weiß-roter Balken), der einen Taleinschnitt
durchquert und zu dem inmitten von Viehweiden gelegenen, als Aus-
flugslokal äußerst beliebten **Hotel-Restaurant Gimbelhof** ansteigt.
Von der Gimbelhof-Zufahrtsstraße zweigt am Waldrand links ein
Weg ab (blauer Punkt), auf dem wir zunächst ansteigen und anschließend bequem zum Col du Litschhof zurückkehren.

Zur Burgruine Wasigenstein

Niedersteinbach – Burgruine Wasigenstein – Burgruine Petit
Arnsbourg – Obersteinbach – Niedersteinbach   Karte: G 2

2

 leicht-
mittel

 8 km

 2¾ Std.

 290 m

Tourencharakter: Streckenweise steiler Anstieg zur Burgruine Wasigenstein und leichter Anstieg zur Burgruine Petit Arnsbourg; von Obersteinbach entlang des Steinbachs bequem nach Niedersteinbach.

Beste Jahreszeit: April–Oktober.

Ausgangs-/Endpunkt: Niedersteinbach; Parkplatz am Ortsrand (Richtung Obersteinbach).

Wanderkarte: TOP 25, 1:25 000, Blatt 3814 ET (Haguenau, Wissembourg).

Markierung: Niedersteinbach bis Parkplatz Zigeunerfelsen rotes Kreuz; über Wasigenstein zur Brücke über den Langenbach roter Balken; bis Obersteinbach rote Raute; nach Niedersteinbach gelber Balken.

Verkehrsanbindung: Per Pkw von Haguenau auf der D 27 über Woerth und Lembach nach Niedersteinbach.

Einkehr: In Niedersteinbach die Hotel-Restaurants Cheval Blanc und Hoefler. In Obersteinbach mehrere Restaurants.

Unterkunft: In Niedersteinbach u. a. Hotel Cheval Blanc, Tel. 03 88 09 55 31. In Obersteinbach u. a. Hotel Chez Anthon, Tel. 03 88 09 55 01.

Tourist-Info: Office de Tourisme, F-67510 Lembach, Tel. 03 88 94 43 16.

Ein überaus beliebtes Ausflugsziel ist das ländliche Steinbachtal: Gepflegte kleine Bauernhäuser und alte Brunnen in den beiden Straßendörfern Niedersteinbach und Obersteinbach sowie die Burgruinen (→ **Wasigenstein**) und Petit Arnsbourg, die auf roten Sandsteinfelsen sitzen, ziehen die Reisenden an.

Blickfang in Niedersteinbach: das Fachwerkhaus, in dem das Hotel/Restaurant Hoefler untergebracht ist.

2

Wegverlauf

Vom Parkplatz am westlichen Ortsrand von Niedersteinbach folgen wir der Straße in Richtung Obersteinbach und biegen am Ortsschild rechts ab (rotes Kreuz). Recht steil steigen wir am Hang des bewaldeten Luckersbergs hoch zur Scheitelhöhe, überqueren den Waldparkplatz »Zigeunerfelsen« (roter Balken) und gelangen auf der Straße Steinbachtal–Schönau/Pfalz zu einem Parkplatz am Klingelfels. Geradeaus führt ein Waldweg hangabwärts zu den beiden auf einem schmalen Felssporn sitzenden Burgruinen **Wasigenstein** (340 m).

Auf demselben Weg gehen wir 30 m zurück, halten uns rechts (roter Balken) und steigen auf die Talsohle des Langenbachs hinunter, wo wir über eine Bohlenbrücke auf die andere Talseite gelangen. Nach 50 m biegen wir rechts ab (rote Raute) und steigen mäßig steil an zu einem querlaufenden Waldweg. Wir wenden uns nach links, nach 150 m nach rechts, kreuzen unterhalb einer Felswand nach wenigen Metern einen Forstweg und erreichen wenig später den Halsgraben der auf einem Felsklotz in Aussichtslage über dem Steinbachtal sitzenden Burgruine **Petit Arnsbourg** (350 m).

Die Bezeichnung »Petit« wurde dem Burgnamen beigegeben, um diese Arnsbourg von der weiter südlich bei Oberbronn-Zinswiller stehenden »Grand« Arnsbourg zu unterscheiden.

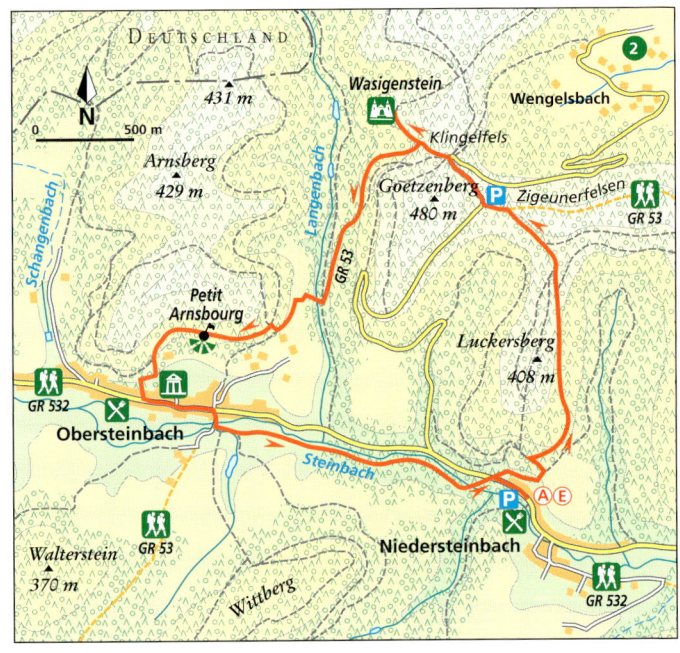

2

Erhalten sind eine mächtige Außenmauer und einige aus dem Fels gehauene Räume. Über eine Holztreppe gelangen wir in die kleine Burganlage, in der ein steiler, tunnelartig im Fels verlaufender Treppenaufgang und eine aus der Felswand herausgearbeitete Außentreppe zu den Mauerresten auf dem Felskopf hinaufführen.

Durch den Halsgraben der Burg gelangen wir nach wenigen Metern an eine Weggabelung, halten uns links und steigen in einem weiten Bogen bequem hinunter zu einem querlaufenden Forstweg. Schräg nach rechts kreuzen wir diesen Forstweg und folgen kurz darauf, nun schon fast auf der Sohle des Steinbachtals, einem undeutlichen Wiesenweg nach rechts entlang des Waldrands zum kleinen Friedhof des gepflegten Straßendorfs **Obersteinbach** und zur Ortsdurchfahrt.

Wir wenden uns nach links, passieren das Museum **Maison des châteaux-forts** (So. 14–17 Uhr) mit Informationen zu den Burgruinen der Umgebung und biegen an der nächsten Straßenkreuzung rechts ab (gelber Balken). An einem an der Brücke über den Steinbach errichteten Waschhaus folgen wir nach links einer Wohnstraße und am Ortsende geradeaus einem Weg entlang des Steinbachs. Kurz vor den ersten Häusern des Straßendorfs **Niedersteinbach** überqueren wir den Bach und kehren entlang der Straße zu unserem Ausgangspunkt zurück.

Auf einem steil aufragenden Sandsteinfelsen thront die Ruine der Petit Arnsbourg.

3 Der Bastberg bei Bouxwiller

Ortsrand Bouxwiller – Großer Bastberg – Imbsheim –
Kleiner Bastberg – Ortsrand Bouxwiller   Karte: E5

leicht

9 km

2¾ Std.

220 m

Tourencharakter: Zwei Anstiege an einem niederen, unbewaldeten Hügelrücken; herrlicher Rundblick.
Beste Jahreszeit: April–Oktober, aber ganzjährig möglich.
Ausgangs-/Endpunkt: Parkplatz am Stadtrand Bouxwiller bei einem Wasserreservoir.
Wanderkarte: TOP 25, 1:25000, Blatt 3714 ET (La Petite Pierre, Niederbronn-les-Bains).
Markierung: Bis Großer Bastberg gelegentliche Holzschilder »Sentier géologique«; bis Imbsheim keine Markierung; zum Sattel zwischen Großem und Kleinem Bastberg blaues Kreuz; über den Kleinen Bastberg »Sentier géologique«-Schilder; zurück zum Ausgangspunkt ohne Markierung.

Verkehrsanbindung: Busverbindung Haguenau (Bhf.) – Saverne über Bouxwiller.
Per Pkw von Saverne auf der D6 zur Autobahn A4; kurz vor der Mautstelle rechts abbiegen, nach 3 km erneut rechts und auf der D6 bis Bouxwiller; im Ort auf der Altstadt-Umgehung links in Richtung Neuwiller-lès-Saverne, erneut links in Richtung Griesbach und sofort wieder links in die Rue du Bastberg.
Einkehr: In Bouxwiller mehrere Lokale. In Imbsheim Weinstube Bastberger Stuewel (Mo., Di. geschlossen).
Unterkunft: In Bouxwiller Hotel Hintz, Tel. 0388707257.
Tourist-Info: Office de Tourisme, F-67340 Ingwiller, Tel. 0388892345.

Obwohl eher ein Hügel als ein Berg, ist der Bastberg weithin bekannt. Geologisch Interessierte kennen den aus Kalkschichten bestehenden Berg als Fundstätte von Versteinerungen, die selbst Goethe zum Besuch des Bastbergs veranlaßten.

Trotz der geringen Höhe von 326 m ist der Große Bastberg ein hervorragender Aussichtspunkt.

Wegverlauf

Vom Parkplatz am Wasserreservoir gehen wir auf dem Sträßchen 200 m weit zurück in Richtung → **Bouxwiller** und wenden uns nach links auf einen Feldweg (keine Markierung), der leicht bergab zu einer Wohnsiedlung führt. Wo die am Ortsrand verlaufende Wohnstraße abknickt, folgen wir nach links einem Feldweg (Wegweiser: Sentier géologique), der zwischen Obstwiesen und Viehweiden am Fuß des langgestreckten Bastbergs bequem auf Griesbach-le-Bastberg zuführt. Kurz vor dem Dorf biegen wir links ab, steigen an und erreichen nach einigen Links- und Rechtsknicks das Gipfelkreuz und eine Schutzhütte auf der Gipfel-Hochfläche des **Großen Bastbergs** (326 m). Trotz der geringen Höhe dieses Aussichtspunkts bietet sich ein hervorragender Rundblick, der von den nordöstlichen Ausläufern der Nordvogesen über die Festung Lichtenberg und → **Saverne** bis zu den mittleren Vogesen reicht.

In südlicher Richtung folgen wir einem rauhen Feldweg (keine Markierung) ca. 1 km weit bequem bergab zu einer Wegkreuzung, an der wir uns links halten und **Imbsheim** erreichen. Auf der querlaufenden Rue de l'École betreten wir den gepflegten Ortskern und stoßen auf die Ortsdurchfahrt, die Rue Principale, wo farbenfroh gestrichene Fachwerkhäuser auffallen. Wer die Wanderung durch den Besuch einer Weinstube unterbrechen möchte, wendet sich nach rechts.

Zur Fortsetzung unserer Tour folgen wir der Ortsdurchfahrt nach links zum Ortsrand und biegen am Friedhof links ab auf ein Sträßchen (blaues Kreuz), das in den niederen Sattel zwischen dem Großen und dem Kleinen Bastberg hochführt. Hier passieren wir einen Parkplatz und wenden uns kurz darauf am Ende einer Buschreihe nach rechts (Wegweiser: Sentier géologique). Der Weg führt auf den bewaldeten **Kleinen Bastberg** (312 m) und in einem Bogen wieder hinunter zum Sträßchen. Anstatt nun nach rechts dem Sträßchen mit der »Sentier géologique«-Ausschilderung zu folgen, kreuzen wir das Sträßchen und stoßen nach 200 m auf einen querlaufenden Feldweg, den einstigen Verbindungsweg zwischen **Bouxwiller** und dem Großen Bastberg. Wir wenden uns nach rechts und kehren auf der Höhe des Hügelrückens an unseren Ausgangspunkt zurück.

Den Legenden nach versammelten sich früher die Hexen auf dem Bastberg.

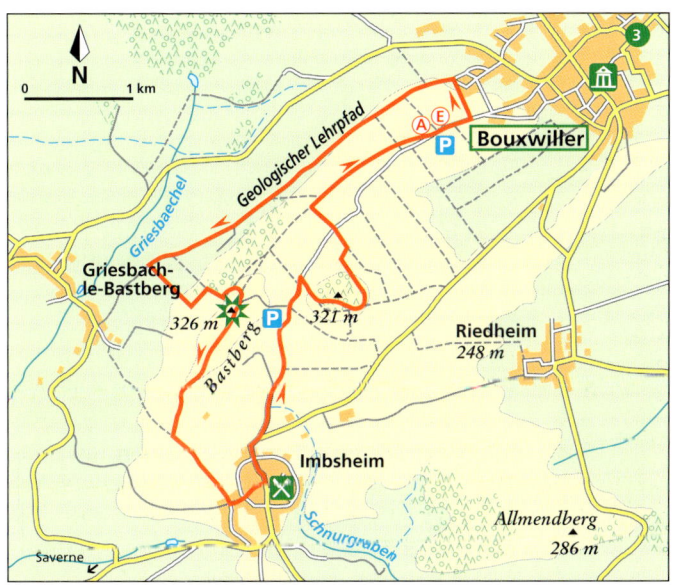

4 Über die Höhen von La Petite Pierre

La Petite Pierre – Étang d'Imsthal – Hirschfels – Rotwildgehege
(Parc Animalier) – La Petite Pierre   Karte: D 5

  leicht–
mittel

 ca.
12 km

 3½ Std.

 290 m

Tourencharakter: Rundwanderung über bewaldete Hügelrücken mit mehreren Aussichtsfelsen; ein längerer und einige kurze Anstiege.
Beste Jahreszeit: April–Oktober.
Ausgangs-/Endpunkt: Parkplatz vor der befestigten Oberstadt (»Staedtel«) von La Petite Pierre.
Wanderkarte: TOP 25, 1:25 000, Blatt 3714 ET (Saverne, Sarrebourg, Rocher de Dabo).
Markierung: Von La Petite Pierre bis Auberge d'Imsthal rot-weiß-roter Balken; bis Wegkreuzung am Heidekoepfel gelbe Raute; bis Hangkante rotes Kreuz; auf dem Bergrücken kurzzeitig gelber Punkt, dann grüne Pfeile eines Waldlehrpfads; vom Hirschfels bis Maison Forestière Loosthal gelbes Kreuz; bis Rocher de la Grenouille blauer Balken; zum Kirchberg roter Punkt, anschließend roter Balken.
Verkehrsanbindung: Bahnstation Ingwiller an der Linie Strasbourg–Saarbrücken;

von dort mittwochs Busverbindung nach La Petite Pierre. Per PKW von Saverne auf der N 4 in Richtung Phalsbourg und nach 5 km rechts abbiegen auf die D 122; im Tal der Zinsel du Sud der D 133 nach links folgen und nach 4 km rechts abbiegen nach La Petite Pierre.
Einkehr: Im »Staedtel« Restaurant du Château; in der Unterstadt von La Petite Pierre mehrere Hotel-Restaurants, u. a. Lion d'Or mit Weinstube; am Étang d'Imsthal die Auberge d'Imsthal; nahe des Rotwildgeheges das Hotel-Restaurant La Clairière.
Unterkunft: In La Petite Pierre u. a. Lion d'Or, Tel. 03 88 70 45 06; unterwegs: Auberge d'Imsthal, Tel. 03 88 01 49 00 und Hotel La Clairière, Tel. 03 88 71 75 00.
Tourist-Info: Office de Tourisme, 2 a, rue du Château, F-67290 La Petite Pierre, Tel. 03 88 70 42 30, Fax 03 88 70 41 08.

Vom Hirschfels blickt man über ausgedehnte Wälder auf das Château du Hunebourg.

 **La Petite Pierre**, das auf einem Felsen erbaute Städtchen, liegt mitten im Naturpark Nordvogesen, umgeben von dichten Wäldern. Ziel der Wanderung ist das Rotwildgehege Schwarzbach.

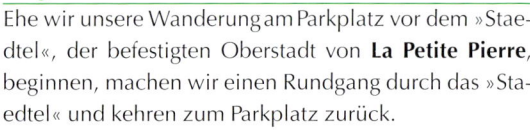

Wegverlauf

Ehe wir unsere Wanderung am Parkplatz vor dem »Staedtel«, der befestigten Oberstadt von **La Petite Pierre**, beginnen, machen wir einen Rundgang durch das »Staedtel« und kehren zum Parkplatz zurück.

Von dort folgen wir der Zufahrtsstraße, steigen an einem Gefallenen-Ehrenmal über einige Treppenstufen ab und überqueren die in das Zinseltal führende Straße. Am bewaldeten Hang steigen wir ab (rot-weiß-roter Balken), halten uns an einer Weggabelung links und folgen am Waldrand der Markierung nach links. Um den größten der **Étangs d'Imsthal** herum führt der Weg an ein Sträßchen, auf dem wir nach links zur **Auberge d'Imsthal** gelangen.

Nach 100 m – linker Hand ein Weiher, auf dessen Insel im Mittelalter eine Burg stand – wenden wir uns am Rand eines Schutzgebiets vor einer Schranke nach rechts. Ein stetig ansteigender Waldweg (gelbe Raute) führt in einem weiten Linksbogen am Hang des **Heidekoepfel** zu einer Wegkreuzung, an der wir uns scharf links halten (rotes Kreuz) und, um die Erhebung Heidekoepfel herum, schließlich die Hangkante erreichen.

Empfehlenswerter Abstecher: ein Besuch der Ausstellung »Abenteuer Nordvogesen« im Schloß von La Petite Pierre.

Hier biegen wir rechts ab, kreuzen nach 25 m einen Forstweg und wenden uns nach wenigen Metern an einer Weggabelung nach links (gelber Punkt). Nach 150 m halten wir uns an einer weiteren Gabelung rechts (grüner Pfeil eines Waldlehrpfads) und gehen entlang der nördlichen Hangkante bequem um den Einschnitt des Tiefenthals herum, kreuzen einen Forstweg und stehen kurz darauf am **Hirschfels**

4 (374 m). Hier blicken wir von einem überdachten Rastplatz aus über das Loos- und Johannisthal hinweg auf das bewohnte Château du Hunebourg.

In nördliche Richtung (gelbes Kreuz) führt ein bequemer Weg entlang der Hangkante des Loosthals an den Aussichtsfelsen Finkenstein (390 m) und Rocher du Loosthal (380 m) vorbei und mündet in ein asphaltiertes Forststräßchen ein. Wir halten uns rechts, biegen nach 30 m links ab und stoßen am mittlerweile verlassenen Maison Forestière Loosthal auf eine Straßenkreuzung.

Auf der Insel im Étang d'Imsthal stand im Mittelalter eine Burg.

In Richtung La Petite Pierre folgen wir der Straße 30 m weit, verlassen sie nach rechts (blauer Balken) und passieren auf einem mehrmals ansteigenden und wieder fallenden Waldweg ein **Rotwildgehege** (Parc Animalier du Schwarzbach).

Nahe beim **Hotel-Restaurant La Clairière** überqueren wir die nach Weiterswiller führende Straße und steigen am Hang des Froschkopfs an (roter Punkt), vorbei am Rocher de la Grenouille – von der Aussichtskanzel blickt man in das bewaldete, unbesiedelte Kesseltal – zu einer Wegkreuzung oberhalb des Hotels. Halb links (zunächst roter Punkt, dann roter Balken) führt ein breiter Schotterweg auf die Scheitelhöhe des Kirchbergs (389 m) hinauf und zu den ersten Häusern von **La Petite Pierre**.

Geradeaus folgen wir der Rue du Kirchberg hinunter zur Ortsdurchfahrt, wenden uns nach links und kehren auf der ansteigenden Straße zum »Staedtel« zurück.

Von Haut-Barr zum Brotschberg

Burgruine Haut-Barr – Burgruinen Grand und Petit Geroldseck –
Table des Sorcières – Tour du Brotsch – Burgruine Haut-Barr Karte: D 7

5

Tourencharakter: Mehrere kurze Anstiege und ein längerer Anstieg auf einem schmalen, bewaldeten Höhenrücken; am Weg drei Burgruinen, eine ehemalige Telegraphenstation und ein Aussichtsturm.
Beste Jahreszeit: April–Oktober.
Ausgangs-/Endpunkt: Parkplatz bei Burgruine Haut-Barr.
Wanderkarte: TOP 25, 1:25000, Blatt 3715 OT (Saverne, Sarrebourg, Rocher de Dabo).
Markierung: Von Haut-Barr bis Table des Sorcières abwechselnd roter Balken und rotes Schrägkreuz; 700 m weit gelbes Kreuz; auf den folgenden 700 m keine Markierung; zum Aussichtsturm Brotsch roter Balken; bis Table des

Sorcières gelbes Kreuz; zurück nach Haut-Barr roter Balken.
Verkehrsanbindung: Busverbindung Strasbourg–Saverne. Per Pkw von Strasbourg auf der A4 in Richtung Metz/Paris, Ausfahrt Saverne; in Saverne von der Ortsdurchfahrt abbiegen auf die D171 und der Ausschilderung »Château du Haut-Barr« folgen.
Einkehr: Restaurant du Château in der Burgruine Haut-Barr.
Unterkunft: In Saverne mehrere Hotels, u.a. Boeuf Noir, Tel. 0388911053. Jugendherberge im Château des Rohan, Tel. 0388911484.
Tourist-Info: Office de Tourisme, F-67700 Saverne, Tel. 0388918047.

leicht–mittel

8 km

2½ Std.

220 m

☺

Der Tour Chappe war eine Station an der einstigen Telegraphenlinie Paris–Strasbourg.

Drei Burgruinen reihen sich auf dem Bergrücken oberhalb von → **Saverne** aneinander, im Mittelalter erbaut zum Schutz dreier verschiedener Bistümer. Am eindrucksvollsten ist die Ruine → **Haut-Barr**, von der sich, ebenso wie vom Aussichtsturm auf dem Brotschberg, ein weiter Blick öffnet.

Wegverlauf

Ehe wir uns vom Parkplatz am Fuß des Sandsteinfelsens, auf dem die Burg **Haut-Barr** (458 m) errichtet wurde, auf den Weg zum Brotschberg machen, besuchen wir die weitläufige Burganlage.

Vom Parkplatz folgen wir der Zufahrtsstraße und nach wenigen Metern einem links abzweigenden Waldweg (roter Balken, rotes Schrägkreuz), der am leicht erhöht stehenden **Tour Chappe**, einer ehemaligen Telegraphenstation, vorbeiführt. Auf der Scheitelhöhe des schmalen, bewaldeten Hügelrückens führt unser leicht ansteigender Weg zu

den Mauerresten und dem mächtigen Donjon der Burgruine **Grand Geroldseck** (475 m). Bauherr dieser Burg war im 12. Jh. der Abt von → **Marmoutier**. Später ging sie in den Besitz der mächtigen Herren

von Geroldseck über, die jedoch bereits Ende des 13. Jh. die Burg verließen, worauf sich Raubritter in den Gemäuern einnisteten. Dies mißfiel dem Landvogt, weshalb er die Burg schleifen ließ.

Wir steigen hinunter in den Col de Geroldseck (431 m) und wieder hinauf zu den weniger beeindruckenden Überresten der Burgruine **Petit Geroldseck** (464 m). Als letzte Burg wurde diese im 14. Jh. erbaut, und zwar durch den Bischof von Metz, der sich, ebenso wie die anderen Burgherren, durch diesen Bau Schutz seiner Ländereien erhoffte. Doch dieser Burg erging es nicht anders als der Nachbarburg: Sie kam in den Besitz der Geroldsecker, wurde später ein Räubernest und daraufhin zerstört. Nur noch Teile der Ringmauer und des Bergfrieds blieben übrig.

Wenig später gelangen wir an eine als **Table des Sorcières** (Hexentisch) bezeichnete Wegkreuzung (423 m) mit einem Picknicktisch. Nach links folgen wir einem Forststräßchen 50 m weit und biegen rechts ab (gelbes Kreuz) auf einen am Osthang des **Brotschbergs** leicht ansteigenden Waldweg. An einer Weggabelung – hier zweigt der markierte Weg links ab – halten wir uns geradeaus (keine Markierung) und stoßen nach einigen hundert Metern auf einen Querweg. Scharf nach rechts (roter Balken) steigen wir an, vorbei an freiliegenden Sandsteinfelsen und vorbei an der **Grotte du Brotsch**, einem mehrere Meter tiefen Überhang am Fuß des hoch aufragenden **Rocher du Brotsch.** Wir gelangen auf die Scheitelhöhe des Brotsch-

Der Brotschberg ist bekannt ist für seine eigentümlichen Felsformationen.

5

bergs und auf den Felskopf (517 m) des Rocher du Brotsch, wenig später vollends auf die Gipfelhochfläche des Brotschbergs (542 m) mit dem **Tour de Brotsch**.

Von diesem im Jahr 1897 erbauten Aussichtsturm bietet sich ein umfassender Rundblick weit nach Lothringen hinein, auf den Schwarzwald und, in südwestlicher Richtung, auf den auffälligen Rocher de → **Dabo**.

Geradeaus führt unser Weg hangabwärts zur nordöstlichen Hangkante mit dem Aussichtsfelsen **Rocher Huck** – Blick auf Grand Geroldseck – und mündet beim **Kleinen Krappenfelsen** in einen Forstweg ein. Nach rechts, stetig leicht bergab, gelangen wir bequem zum Table des Sorcières.

Auf unserem Rückweg zum Parkplatz bei Haut-Barr steigen wir nicht mehr zu den Burgruinen Petit und Grand Geroldseck hoch, sondern bleiben durchgehend auf dem mit dem roten Balken markierten Weg. Somit umgehen wir Petit Geroldseck links, d. h. am Westhang des Hügelrückens, Grand Geroldseck rechts, entlang des östlichen Hangs.

Grotte du Brotsch wird der Felsüberhang am Fuß des steil aufragenden Rocher du Brotsch genannt.

6 Von Schaeferhof nach Dabo

Schaeferhof – Hellert – Laschbach – Lochmuhl – Sickertkopf –
Rocher de Dabo – Dabo – Schaeferhof   Karte: C7/8

 mittel

 18 km

 5½ Std.

 650 m

Tourencharakter: Rundwanderung über bewaldete Höhenrücken mit drei Anstiegen.
Beste Jahreszeit: April–Oktober.
Ausgangs-/Endpunkt: Schaeferhof; Parken auf dem Place du Berger nahe der Kirche.
Wanderkarte: TOP 25, 1:25 000, Blatt 3715 OT (Saverne, Sarrebourg, Rocher de Dabo).
Markierung: Von Schaeferhof auf den Talgrund ohne Markierung; bis unterhalb Falkenfels roter Kreis; roter Punkt bis Lochmuhl; 300 m weit blauer Punkt, anschließend bis Ortsmitte Dabo gelbes Kreuz; bis Weggabelung unterhalb der Geisterfelsen gelbes Dreieck; bis Schaeferhof gelber Kreis.

Verkehrsanbindung: Von Saverne auf der D132 entlang des Canal de la Marne au Rhin nach Lutzelbourg; im Ort links abbiegen auf die D98 und am Plan incliné (Schiffshebewerk) von St-Louis-Arzviller vorbei nach Schaeferhof.
Einkehr: In Schaeferhof Café-Restaurant La Montagne Verte. In Hellert Bar-Restaurant Le Beau Site. Am Rocher de Dabo das Hotel-Restaurant du Rocher. In Dabo u. a. Auberge des Randonneurs.
Unterkunft: Unterwegs: Hôtel du Rocher, Tel. 03 87 07 40 14. In La Hoube, 7 km von Dabo entfernt, das Hôtel des Vosges, Tel. 03 87 08 80 44.
Tourist-Info: Office de Tourisme, 10, Place de l'Eglise, F-57850 Dabo, Tel. 03 87 07 47 51.

Obwohl die Tour vorwiegend durch die lichten Wälder der Nordvogesen führt, ergeben sich von herausragenden Felsen immer wieder Ausblicke, vor allem auf den markanten, legendären Rocher de
→ **Dabo**.

Die Restaurants im kleinen Ort Dabo sind auf Touristen und Wanderer eingestellt.

Wegverlauf

Am Parkplatz in der Ortsmitte von **Schaeferhof,** einem im Jahr 1630 gegründeten Straßendorf, überqueren wir die Ortsdurchfahrt, folgen der leicht fallenden Rue Saint Joseph (keine Markierung) und biegen

nach 250 m rechts ab in die Rue de la Vallée, die am Ortsrand in einen steingepflasterten Weg übergeht und auf den Talgrund hinunterführt. Wir überqueren einen Bach, halten uns an einer Weggabelung links und stoßen auf einen am Waldrand verlaufenden Forstweg. Nach 200 m biegen wir rechts ab (roter Kreis), steigen am Hang recht steil an und folgen unterhalb des Falkenfelsens einem links abzweigenden Weg (roter Punkt; Wegweiser: Maisons troglodytiques) zum Fuß des **Falkenfelsens**, wo sich in herrlicher Aussichtslage – Blick auf Schaeferhof und den Rocher de Dabo – eine einstige Felsenwohnung befindet.

Erst in den letzten Jahren wurden das an den Fels geklebte Häuschen mit den beiden Räumen und die Kapelle renoviert.

Wir steigen weiter an und erreichen entlang der Hangkante, anschließend nach rechts auf der Straße das Straßendorf **Hellert**.

Am Ortsbeginn folgen wir der rechts abzweigenden Rue de Laschbach (roter Punkt) hangabwärts, passieren einige Häuser von **Laschbach** und wenden uns an einer Straßengabelung nach rechts. Ein am Waldrand rechts abzweigender Weg (roter Punkt) führt auf die Sohle des Grossthals hinunter, wo wir ein Sträßchen kreuzen und die in einem engen Seitental stehende **Lochmuhl** passieren (blauer Punkt).

Nach 50 m überqueren wir ein Bächlein und steigen nun am bewaldeten Hang des **Sickertkopfs** (gelbes Kreuz) an. Aus einem niederen Sattel (487 m) auf der Scheitelhöhe machen wir zunächst wegen des schönen Blicks auf den Rocher du Dabo einen Abstecher (hin und zurück 15 Min.) auf den **Rocher du Sickert** (508 m): Nach links gelangen wir auf einem Waldweg und durch einen natürlichen großen

Bis 1902 lebte der Eremit Eduard Himbert in der Felsenwohnung am Falkenfelsen.

6

Spalt im Felsen und über einige aus dem Fels gehauene Stufen auf die kleine Hochfläche, einen natürlichen Aussichtspunkt.

Aus dem Sattel folgen wir einem Waldweg zur Streusiedlung **Rothenbuhl** und einem sandigen Fahrweg. Wenig später kreuzen wir die nach Rothenbuhl führende Straße und gelangen auf einem grasbewachsenen Waldweg, anschließend auf der Rothenbuhl-Zufahrtstraße nach rechts zu einer Straßenkreuzung.

Zunächst folgen wir der Route Forestière du Chat Noir, kurz darauf einem rechts neben der Straße verlaufenden Weg und biegen am

Waldrand rechts ab. Oberhalb der zum Rocher de Dabo hochführenden Straße steigen wir wieder an, kreuzen die um den Schlossberg herumführende Straße und erreichen nach einem kurzen, steilen Anstieg über Treppenstufen das **Hotel-Restaurant du Rocher** und gleich darauf die **Kapelle St-Léon** auf dem **Rocher de Dabo** (647 m).

Auf dem gleichen Weg steigen wir ab, überqueren die Straße und halten uns nach wenigen Metern an einer Weggabelung links. Ein breiter Waldweg führt hangabwärts, kreuzt die Straße und mündet bei einigen Tennisplätzen in eine Straßengabelung ein. Wir halten uns links und gelangen in einem Wohnsträßchen (gelbes Kreuz) in das Ortszentrum von **Dabo**.

Unterhalb der Kirche wenden wir uns am Postamt nach links, biegen schon nach wenigen Metern

Im Nordelsaß stößt man immer wieder auf verwitterte Sandsteinwände wie am Falkenfelsen.

rechts ab (gelbes Dreieck) und halten uns gleich wieder links in die Rue des Jardins. Hinter dem letzten Haus steigt ein Wiesenweg (gelbes Dreieck) an nach **Hopstein**, wo wir einem schmalen Sträßchen zwischen den wenigen Häusern des Weilers hindurch folgen. Auf Höhe des letzten Gebäudes biegen wir rechts ab (gelbes Dreieck) und folgen am bewaldeten Hang des Kleinthals einem alten Verbindungsweg zwischen Dabo und Schaeferhof. Der Weg führt an den wenigen Häusern von **Le Petit Ballerstein** vorbei und zu einer unterhalb der Geisterfelsen gelegenen Weggabelung, an der wir uns links halten (gelber Kreis).

Am Ortsrand von **Galgenfeld**, einem mit Schaeferhof zusammengewachsenen Ortsteil, mündet unser Weg in die Ortsdurchfahrt ein, auf der wir nach links zu unserem Ausgangspunkt zurückkehren.

Étang du Coucou und Burgruine Salm

Étang du Coucou – La Chatte Pendue (900 m) – Burgruine
Salm – Étang du Coucou   Karte: B 10

7

 mittel

 8 km

 3½ Std.

 370 m

Tourencharakter: Steiler Anstieg zum Aussichtsberg Chatte Pendue und bequemer Abstieg über die Burgruine Salm.
Beste Jahreszeit: Mai–Oktober.
Ausgangs-/Endpunkt: Waldparkplatz am Étang du Coucou.
Wanderkarte: TOP 25, 1:25 000, Blatt 3616 OT (Le Donon, Lac du Vieux Pré).
Markierung: Bis kurz vor dem Chatte-Pendue-Gipfel roter Punkt, anschließend gelber Balken zum Gipfel; Abstieg auf einige hundert Meter Länge gelber Balken, dann roter Kreis.
Verkehrsanbindung: Keine Busverbindung. Per Pkw von Strasbourg auf der N35 nach Molsheim, auf der N420

nach Schirmeck und rechts abbiegen auf die D392 in Richtung Col du Donon/Lunéville; am Ortsbeginn Grandfontaine links abbiegen in Richtung Auberge de Salm und 6 km zum Étang du Coucou.
Einkehr: Ferme Auberge de Salm (Abstecher von 5 Min.).
Unterkunft: Ferme Auberge de Salm (Gîte d'Etape), Tel. 03 88 97 22 33. Jugendherberge Les Minières, Grandfontaine, Tel. 03 88 97 20 76 (nur an Wochenenden und in Schulferien geöffnet).
Tourist-Info: Syndicat d'Initiative, Mairie, F-67130 Schirmeck, Tel. 03 88 49 63 80, Fax 03 88 49 63 89

Eine auch für heiße Tage geeignete Tour, die vorwiegend im Wald verläuft und außerdem die Möglichkeit bietet, im Weiler Salm in einer Ferme Auberge einzukehren.

Wegverlauf

Vom Parkplatz am idyllischen **Étang du Coucou** (553 m) kehren wir zur Straße zurück und wenden uns nach rechts auf einen Waldweg, der sich nach wenigen Metern gabelt. Wir halten uns rechts (roter Punkt), steigen am Westhang des Tête Pelée (856 m) recht steil an und kreuzen einen Forstweg. Alsbald stoßen wir auf einen weiteren Forstweg und folgen ihm nach rechts, biegen wenig später eingangs einer Rechtskurve links ab (roter Punkt) und gelangen in einigen Kehren und über einen weiteren Forstweg hinweg auf die Hochfläche des **Tête Pelée** (ca. 856 m).

Hier übersteigen wir einen Wildzaun – in diesem Schutzgebiet beobachten Wissenschaftler in einem Langzeitversuch, wie sich ein Mischwald ohne Eingriffe des Menschen und ohne Beeinträchtigung durch Wildverbiß entwickelt – und steigen in Kehren (gelber Balken) steil auf zum felsigen Gipfelplateau des **Chatte Pendue** (900 m). Nebenbei: Die eigenartige Bezeichnung »Chatte Pendue« (»Hängende Katze«, »Katzenstein«) ist eine französische Verballhornung des elsässischen Bergnamens »Hatte Padaie« (hoher Hangfels).

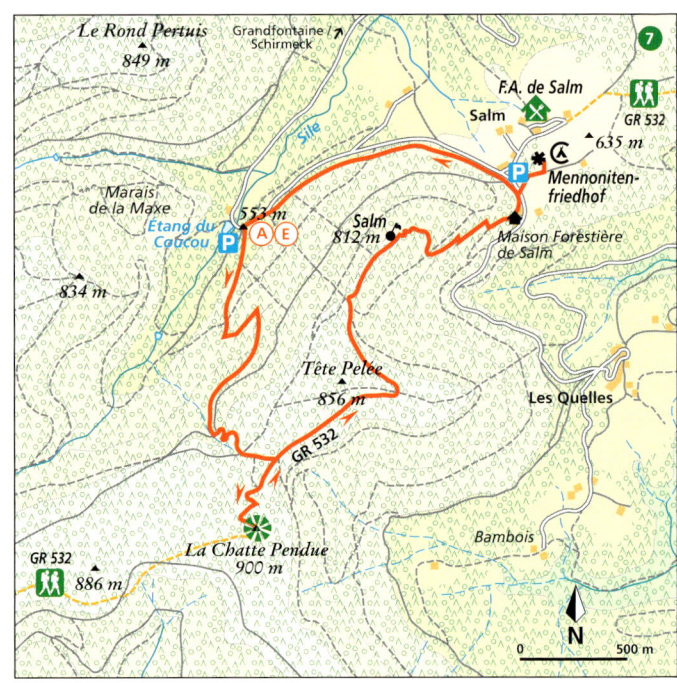

Von der Felskante bietet sich an klaren Tagen ein hervorragender
Rundblick, der u. a. die → **Haut Koenigsbourg** im Südosten, das Münster von → **Strasbourg** im Osten, den an einem Sendemasten leicht
zu erkennenden Donon (→ **Grandfontaine**) im Norden und den
Grand Brézouard (→ **Wanderung 13**) im Süden umfaßt.

Auf demselben Weg verlassen wir den Gipfel, übersteigen den Wildzaun und wenden uns an einer Weggabelung nach rechts (gelber
Balken, roter Kreis). Entlang der Hangkante des Tête Pelée steigen wir
ab zu einer Wegkreuzung, gehen geradeaus weiter und erreichen auf
dem einstigen Zugangsweg die beträchtlichen Mauerreste der auf einem felsigen Bergsporn thronenden **Burg Salm** (812 m).

Die Grafen von Salm erbauten Anfang des 12. Jh. die Burg, die zum
Zentrum ihres kleinen Herrschaftsgebiets wurde, zu dem auch das
Bergwerksdorf → **Grandfontaine** gehörte. Im 15. Jh. wurde die Burg
verlassen; übrig blieben der tiefe Halsgraben, Reste eines Turms sowie eine gewölbte Zisterne.

Durch den Halsgraben – hier erinnert eine ca. 200 Jahre alte Inschrift

7

an die Anwesenheit eines Fürsten von Salm und eines Fürsten von Hohenlohe-Schillingsfürst – und vorbei an den noch immer beeindruckenden Überresten eines Donjon erreichen wir eine Aussichtskanzel, von der wir auf eine weitläufige Rodungsinsel mit den wenigen Bauernhöfen von **Salm** hinunterblicken.

Gerodet und besiedelt wurde diese Hochfläche zu Beginn des 18. Jh. von Mennoniten, die aus der Schweizer Eidgenossenschaft vertrieben worden waren.

Rechts an der Aussichtsplattform vorbei und in zahlreichen Kehren führt ein schmaler Weg durch vorwiegend lichten Wald recht steil hangabwärts. Auf halber Hanghöhe kreuzen wir den ursprünglichen Burgzugang und gelangen hinunter zu dem am Rand der ausgedehnten Lichtung von Salm stehenden Maison Forestière de Salm.

Hier weist ein Schild hin auf den »Sentier des Passeurs«, auf dem flüchtige französische Gefangene und sich widersetzende Elsässer, nachdem im Juni 1940 die Deutschen das Elsaß annektiert und die alte Grenze von 1871 wiederhergestellt hatten, mit Hilfe von Ortskundigen durch das deutsch besetzte Gebiet zum 14 km entfernten Ort Moussey geschleust wurden.

Mitten im Wald liegt der stille Weiher Étang du Coucou.

Wir folgen nach links der zum Étang du Coucou hinunterführenden Straße. Ein Abstecher von 10 Minuten (hin und zurück) führt zu einem kleinen **Mennoniten-Friedhof**: Am Parkplatz beim Maison Forestière de Salm überqueren wir die Straße, folgen einem Schotterweg 150 m weit und betreten einen abgeschrankten Campingplatz. Nach links entlang des Zauns stoßen wir nach 50 m auf die links des Zauns stehenden Grabsteine und Kreuze.

Nach 250 m auf der Straße biegen wir gegenüber einem rechts abzweigenden Fahrweg links ab auf einen Waldweg (roter Kreis).

Wer eine Stärkung benötigt, kann in einer Ferme Auberge einkehren. Anstatt von der Straße gleich links abzubiegen auf den Waldweg, folgt man hier dem rechts abzweigenden Fahrweg zur **Ferme Auberge de Salm** (Abstecher hin und zurück 10 Min.).

Auf dem nur wenige Meter oberhalb der Straße leicht hangabwärts verlaufenden Waldweg kehren wir bequem zum Étang du Coucou zurück.

8 Zum Kloster Mont Ste-Odile

Ottrott-le-Haut – Mont Ste-Odile – Hohenburgerberg –
Châteaux d'Ottrott – Ottrott-le-Haut   Karte: D/E10

 mittel

 12 km

 3¾ Std.

 530 m

Tourencharakter: Langer Anstieg zum Kloster Ste-Odile; recht bequem entlang der Hangkante und bergab nach Ottrott; überwiegend durch Wald.
Beste Jahreszeit: April–Oktober.
Ausgangs-/Endpunkt: Ottrott-le-Haut, je ein kleiner Parkplatz an der Kirche und am Touristenbüro.
Wanderkarte: TOP 25, 1:25000, Blatt 3716 ET (Mont Ste-Odile, Molsheim, Obernai).
Markierung: Ottrott-le-Haut bis Mont Ste-Odile gelbes Kreuz; entlang Hangkante rot-weiß-roter Balken bis Nordtor der »Heidenmauer«; über den Hohenburgerberg gelbes Dreieck, dann blaues Kreuz; bis kurz vor Ottrott rot-weiß-roter Balken.
Verkehrsanbindung: Bus Strasbourg (Place des Halles) nach Ottrott, Halte-stelle in Ottrott: Mairie. PKW: Von Strasbourg auf der A35, dann A352 in Richtung St-Dié; bei Molsheim abbiegen auf die D500; ab Ausfahrt Obernai auf der D426 (Ausschilderung: Mont Ste-Odile) bis Ottrott-le-Haut.
Einkehr: Im Kloster Ste-Odile ein Restaurant und eine Cafeteria; bei den Châteaux d'Ottrott das Maison Forestière Rathsamhausen (Juli/Aug. tgl.); in Ottrott-le-Haut mehrere Restaurants, u.a. Winstub L'Ami Fritz.
Unterkunft: Mehrere Hotels in Ottrott, u.a. Hôtel-Winstub L'Ami Fritz, Tel. 0388958081; auf dem Mont Ste-Odile die Hostellerie du Mont Ste-Odile, Tel. 0388958053.
Tourist-Info: Syndicat d'Initiative d'Ottrott, 46, rue Principale, F-67530 Ottrott, Tel. 0388958384.

Schutzpatronin des Elsaß ist die hl. Odilia, deren Grab im Kloster auf dem → **Mont Ste-Odile** beliebtes Wallfahrtsziel ist. Vom reizvoll gelegenen Winzerdorf Ottrott-le-Haut führt der alte Pilgerpfad hinauf zu dem sagenumwobenen Berg, von dessen Bedeutung in früheren Zeiten die sogenannte Heidenmauer Zeugnis ablegt.

Die Weinstube Beau Site – eine von mehreren Einkehrmöglichkeiten im reizvoll gelegenen Ottrott-le-Haut.

Wegverlauf

Im gepflegten, reizvoll am Hang gelegenen Weinort **Ottrott-le-Haut** folgen wir vom Parkplatz an der Kirche der leicht ansteigenden Rue des Châteaux und halten uns am Hôtel-Winstub L'Ami Fritz links in die Rue du Mont Ste-Odile (gelbes Kreuz; Sentier des Pèlerins). Kurz nach dem Ortsrand betreten wir den Wald und folgen dem Pilgerpfad, der stellenweise noch gepflastert ist und über den bis ins 20. Jh. die Pilgerscharen zogen, entlang dem Hang des Elsbergs, dann des Hohenburgerbergs stetig bergauf. Wir passieren den ausgedehnten

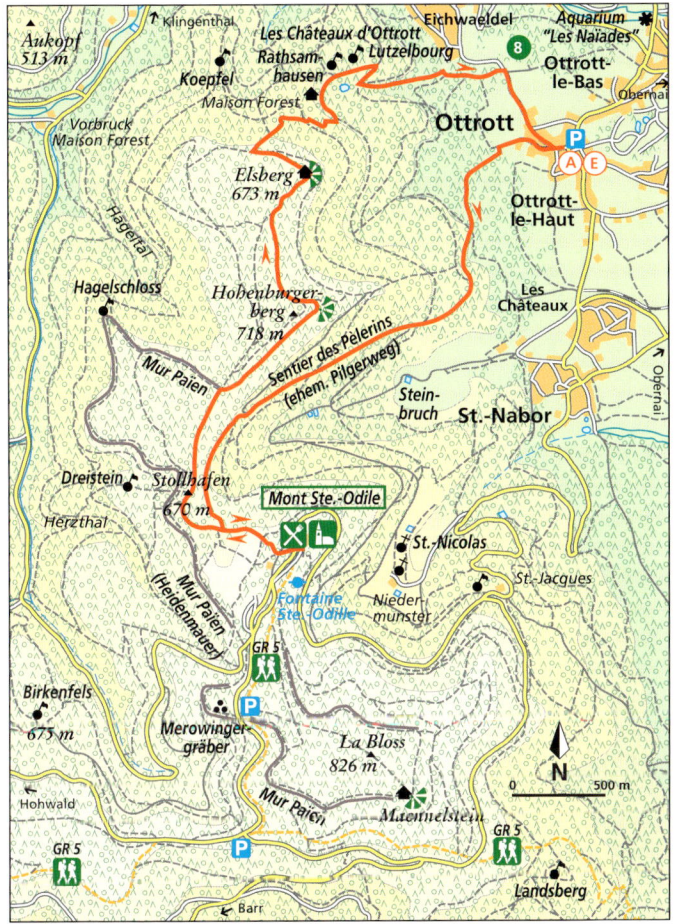

Die eindrucksvolle »Mur Païen« (Heidenmauer) beim Mont Ste-Odile wurde wahrscheinlich vor über 2500 Jahren erbaut.

8

Steinbruch von St-Nabor und erreichen schließlich die Hangkante. Nach links führt unser Weg über eine Lichtung und steil hoch zum **Mont Ste-Odile** (763 m; Kloster bis zur Dämmerung durchgehend geöffnet), von dessen Aussichtsterrasse sich ein herrlicher Blick auf die Vogesen-Vorberge mit ihren Weinorten, auf die Rheinebene sowie den Schwarzwald öffnet.

Auf demselben Weg kehren wir über die Lichtung zurück zur Hangkante, halten uns nun aber links (rot-weiß-roter Balken) auf einen Waldweg, der entlang einer »Mur Païen« (Heidenmauer) verläuft.

Noch heute ist die ca. 10 km lange, ca. 1,5 m breite Mauer, die aus mächtigen polygonalen Steinen fugenlos errichtet wurde, stellenweise über 2 m hoch. Sie umschließt eine schmale Hochfläche, die von Wachtstein und Maennelstein im Süden, vom Mont Ste-Odile im Osten und von der Burgruine Hagelschloss im Norden begrenzt wird. Ursprung und Zweck der Mauer sind unbekannt, aber die Mächtigkeit deutet auf Verteidigungszwecke hin, und die Bauweise läßt vermuten, daß es sich um ein vorrömisches, wahrscheinlich sogar vorkeltisches Bauwerk handelt; d. h. höchstwahrscheinlich wurde die Mauer vor über 2500 Jahren errichtet.

Die Burgruine Rathsamhausen ist von einem Park umgeben.

Recht bequem folgen wir dem mit dem rot-weiß-roten Balken markierten Waldweg – Abzweigungen bleiben unbeachtet – in geringem Abstand zu der entlang der Hangkante verlaufenden Mauer und erreichen das Fundament des einstigen Nordtors der Mauer. Nach 100 m biegen wir rechts ab auf einen Waldweg (gelbes Dreieck) und steigen zum Felssporn des **Hohenburgerbergs** (Mont Hohenbourg; 718 m) hoch, einem Aussichtspunkt, von dem wir nochmals auf den Mont Ste-Odile blicken.

Der Abstiegsweg (blaues Kreuz) mündet wieder in den breiten Waldweg ein (rot-weiß-roter Balken), den wir zuvor wegen des Abstechers zum Hohenburgerberg verließen. Auf dem leicht fallenden Weg gelangen wir zu einer Schutzhütte auf dem Felssporn **Elsberg** (673 m).

Der nun steiler abwärts führende Pfad mündet in einen Forstweg ein, auf dem wir uns nach rechts wenden zu einer Wegkreuzung. Wir wandern geradeaus weiter, steigen in einigen Kehren noch immer ab und folgen schließlich einem Forstweg nach links zum Maison Forestière Rathsamhausen, wo

sich der Zugang zu den als »Châteaux d'Ottrott« bezeichneten **Burg-ruinen Rathsamhausen** (505 m) und **Lutzelbourg** befindet.

Die Burgruinen, die nur 40 m voneinander entfernt stehen, sind von einem Park umgeben, der nicht jederzeit zugänglich ist (16. Juli–30. Aug. täglich 9–18 Uhr, Ostern–Anfang Nov. So. 14–18 Uhr). Lut-zelbourg, die ältere der beiden, mit deren Bau im 12. Jh. durch die Herren von Lützelburg begonnen wurde und die im 16. Jh. durch ei-ne Feuersbrunst zerstört wurde, fiel später an die Familie Rathsam-hausen, in deren Besitz auch die gleichnamige benachbarte Burg war. Von dieser größeren Burg, die bis ins 17. Jh. bewohnt war, sind nach der Zerstörung im 30jährigen Krieg noch Bergfried, Wohnturm und Ringmauern erhalten.

Auf dem Zufahrtsweg des Maison Forestière passieren wir die linker Hand hinter Bäumen versteckt liegende Burgruine Lutzelbourg und wenden uns auf einem querlaufenden Forstweg nach rechts bergab (rot-weiß-roter Balken). Wenig später biegen wir links ab auf einen Waldweg, der in einem Taleinschnitt abwärts führt, passieren den Ortsrand der Wohnsiedlung **Eichwaeldel** und stoßen auf die Straße Eichwaeldel–Ottrott. Ihr folgen wir nach rechts (keine Markierung) zwischen hohen Böschungen hinunter nach Ottrott-le-Haut und zurück zu unserem Ausgangspunkt.

Mehr als 2500 Jahre alt ist die 10 km lange »Heiden-mauer« rund um den Mont Ste-Odile.

9 Auf dem Climont

Parkplatz la Fraise – Climont (965 m) – Ferme Auberge du
Nouveau Chemin im Hochtal le Hang – Parkplatz la Fraise   Karte: F 12

 mittel

 15 km

 4½ Std.

 470 m

Tourencharakter: Langer, auf dem letzten Abschnitt steiler Anstieg auf den bewaldeten Climont; bequemer Rückweg durch ein landwirtschaftlich genutztes Hochtal.
Beste Jahreszeit: Mai–Oktober.
Ausgangs-/Endpunkt: Parkplatz la Fraise, 1 km südlich von Bourg-Bruche.
Wanderkarte: TOP 25, 1:25 000, Blatt 3617 ET (Ste-Marie-aux-Mines).
Markierung: Ausgangspunkt bis Weggabelung am Fuß des Climont blaues Kreuz; entlang dem Fuß des Climont blauer Kreis; über den Gipfel hinweg gelbes Kreuz, anschließend rot-weiß-roter Balken bis zum Waldrand im Hochtal le Hang; durch das Hochtal keine Markierung.
Verkehrsanbindung: Per Pkw von Sélestat auf der N 59 in Richtung Ste-Marie-

aux-Mines/St-Dié, nach 5 km rechts abbiegen und über Villé zum Col de la Steige; links abbiegen auf die D 50, in Bourg-Bruche erneut nach links (Ausschilderung: Motocross, Ferme Auberge) und auf schmaler Straße 1,5 km zum Parkplatz la Fraise.
Einkehr: Ferme Auberge du Nouveau Chemin (Sonntagabend, Mo. und Di. geschlossen).
Unterkunft: Gîte d'Etape le Hang, Tel. 03 88 97 72 71; Fremdenzimmer in der Ferme Auberge du Nouveau Chemin, Tel. 03 88 97 72 08; am Anfahrtsweg in Villé das Hotel La Bonne Franquette, Tel. 03 88 57 14 25.
Tourist-Info: Syndicat d'Initiative, F-67220 Villé, Tel. 03 88 57 11 69, Fax 03 88 57 04 54.

Beliebt als Wanderziel in den Mittleren Vogesen ist der markante Climont, der das Val de Villé abschließt und der die Höhen der Umgebung deutlich überragt. In seinem Schatten liegen auf einer großen Lichtung verstreute Gehöfte, von denen eines heute als Ferme Auberge Gäste bewirtet.

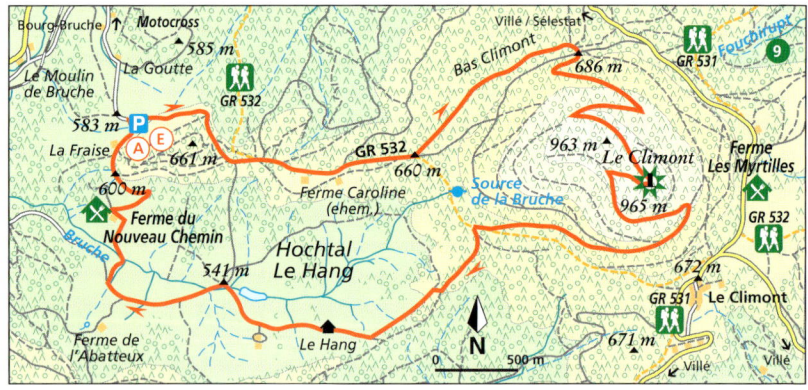

Wegverlauf

Am Parkplatz la Fraise (583 m) folgen wir an einer Fahrweggabelung dem, von Bourg-Bruche her gesehen, links abzweigenden Schotterweg (blaues Kreuz), der ein Gehöft passiert und zwischen Viehweiden leicht ansteigt zum Waldrand. Wenig später halten wir uns an einer Wegkreuzung links und gelangen auf der Scheitelhöhe des bewaldeten Hügelrückens kurzzeitig an den Waldrand, von wo wir auf den kegelförmigen Climont und in das Hochtal le Hang blicken, das von der am Fuß des Climont entspringenden Bruche (Breusch) durchflossen wird.

Das Gehöft La Fraise, Ausgangspunkt der Tour, liegt einsam in reizvoller Berglandschaft.

Der nun mit Kopfstein gepflasterte Weg steigt stärker an zu einer am Fuß des Climont gelegenen Wegkreuzung (660 m), an der wir uns nach links wenden (blauer Kreis). Der nach Niederschlägen stellenweise morastige Waldweg – es handelt sich um einen alten, entlang einer Markungsgrenze verlaufenden Weg – führt in leichtem Auf und

Ab am Fuß des Climont-Nordhangs entlang zu einer Weggabelung (686 m). Wir halten uns rechts (gelbes Kreuz), kreuzen einen Forstweg und erreichen nach einem 45minütigen steilen Anstieg mit drei Kehren die bewaldete Gipfelhochfläche des **Climont** (965 m).

Von dem an der südöstlichen Hangkante im Jahr 1897 errichteten Aussichtsturm bietet sich ein wunderbarer Rundblick

über die mittleren Vogesen mit dem 1008 Meter hohen Donon (→ **Grandfontaine**), über die Rheinebene mit → **Strasbourg** hinweg auf den Schwarzwald, auf → **Haut-Koenigsbourg** und auf den Brézouard (1229 m; → **Wanderung 13**) im Süden; selbst einige Alpengipfel sind an klaren Tagen zu sehen.

Während unseres Abstiegs (gelbes Kreuz) am Südhang des Climont stoßen wir auf halber Hanghöhe auf einen Forstweg, auf dem wir nach rechts (rot-weiß-roter Balken) zu einer Weggabelung weiter absteigen. Dort halten wir uns links und gelangen zu einem weiteren querlaufenden Forstweg. Ihm folgen wir nach rechts und durch eine scharfe Linkskurve (rot-weiß-roter Balken). Nach 50 m biegen wir

Vom Climont bieten sich herrliche Ausblicke bis zu den gegenüberliegenden Bergzügen des Schwarzwalds und manchmal bis zu den Alpen.

9

rechts ab auf einen Waldweg (rot-weiß-roter Balken) und wenden uns nach wenigen Minuten an einer Weggabelung erneut nach rechts zum Waldrand (Wegweiser: Ferme du Hang; keine Markierung mehr bis zum Endpunkt der Wanderung).

Mit Blick über das breite Hochtal **le Hang** mit einigen verstreut liegenden Bauernhöfen gehen wir am Waldrand entlang und folgen einem querlaufenden Wirtschaftsweg nach rechts in das Tal hinunter. Dabei passieren wir zwei Bauernhöfe – das erste Gehöft, le Hang, ist eine Gîte d'Etape –, überqueren an einem Stauweiher die junge Bruche und wenden uns hier an einer Wegkreuzung nach links. Diesen Fahrweg verlassen wir kurz nach der links abzweigenden Zufahrt eines am Waldrand gelegenen Gehöfts nach rechts auf einem Feldweg, überqueren erneut die Bruche und steigen zur **Ferme Auberge du Nouveau Chemin** hoch.

Die Gehöfte im Hochtal Le Hang wurden im 18. Jh. von Mennoniten erbaut.

Das Gehöft wurde, wie die anderen Höfe auf der Lichtung auch, im 18. Jh. von aus der Schweiz stammenden Mennoniten erbaut.

Auf dem am Hang ansteigenden Zufahrtsweg der Ferme Auberge kehren wir über den Hügelrücken, der das Tal im Norden begrenzt, und vorbei am Gehöft la Fraise an unseren Ausgangspunkt zurück.

Zur Burgruine Ortenbourg

Dieffenthal – Rittersberg – Burgruinen Ortenbourg und Ramstein – Huhnelmuhle – Kapelle Taennelkreuz – Dieffenthal   Karte: H12

10

Tourencharakter: Längerer Anstieg von den Weinbergen der Vorbergzone auf einen bewaldeten Höhenrücken und bequem über die Ortenbourg in das Giessen-Tal; leichter Anstieg aus dem Giessen-Tal und durch Weinberge zurück nach Dieffenthal.
Beste Jahreszeit: April–Oktober.
Ausgangs-/Endpunkt: Dieffenthal, Parkplatz an der Kirche.
Wanderkarte: TOP 25, 1:25 000, Blatt 3717 ET (Sélestat, Ribeauvillé, Haut-Koenigsbourg).
Markierung: Von Dieffenthal zur Kammhöhe rot-weiß-roter Balken; bis Huhnelmuhle roter Balken; über

Kapelle Taennelkreuz nach Dieffenthal ohne Markierung.
Verkehrsanbindung: Von Sélestat nach Scherwiller und auf der D 50, der Route du Vin, in Richtung Dambach-la-Ville nach Dieffenthal; durch den Ort zur Kirche.
Einkehr: Hotel-Restaurant Huhnelmuhle (geschl. Di./Mi.); in Dieffenthal Hotel-Restaurant les Châteaux.
Unterkunft: Hôtel les Châteaux, Dieffenthal, Tel. 03 88 92 49 13; Hotel Huhnelmuhle, Tel. 03 88 92 06 04.
Tourist-Info: Office de Tourisme, rue Principale, F-67750 Scherwiller, Tel. 03 88 82 75 00, Fax 03 88 82 39 51.

 mittel

 11 km

 3¾ Std.

 330 m

☺

Am Eingang zum Val de Villé erheben sich die beiden Burgruinen Ramstein und → **Ortenbourg**, die von weitem zu sehen sind. Während die Ruine Ramstein aus Sicherheitsgründen nicht mehr zugänglich ist, stellt die Ruine Ortenbourg ein eindrucksvolles Beispiel mittelalterlicher Befestigungen dar.

Wegverlauf

Wir starten bei der barocken Kirche von Dieffenthal, einem ruhigen Winzerdorf an der → **Route du Vin.** Am oberen (bergseitigen) Rand des Parkplatzes folgen wir einem asphaltierten Fahrweg (rot-weiß-roter Balken) und biegen beim rechter Hand etwas erhöht liegenden **Rocher des Celtes** rechts ab (rot-weiß-roter Balken). Ursprung und Zweck der künstlichen beckenförmigen Eintiefungen im Fels sind unbekannt; vermutlich handelt es sich um einen vorkeltischen, also über 2500 Jahre alten Ritualplatz.

Mysteriös wirken die künstlichen Vertiefungen im Rocher des Celtes.

Auf dem ansteigenden Weg halten wir uns an zwei Weggabelungen jeweils rechts, verlassen die Weinberge und gelangen am Südhang des bewaldeten Rehhagbergs (530 m) in zumeist mäßig steilem Anstieg auf die Scheitelhöhe des Bergruckens. Hier wenden wir uns auf einem Forstweg nach links (roter Balken), biegen nach weni-

10

gen Metern rechts ab und gelangen am Westhang des Rittersbergs (523 m) zu einem Forstweg, dem wir in südliche Richtung wenige hundert Meter weit folgen. An einem Picknickplatz biegen wir rechts ab (roter Balken) und steigen in wenigen Minuten zur beeindruckenden, in hervorragender Aussichtslage stehenden **Ortenbourg** (444 m) hinunter.

Nach der Besichtigung gehen wir zurück durch den tiefen Graben und steil hangabwärts (roter Balken). Wenige Minuten später sind wir auf Höhe der auf einem Felssporn sitzenden **Burgruine Ramstein** (390 m). Ein kurzer Abstecher bringt uns zu den Mauerresten, die wir aber nicht betreten, denn es besteht Einsturzgefahr!

Weder sonderlich groß noch besonders prachtvoll ausgestattet war die Burg Ramstein, die 1293 eigens zur Belagerung der Ortenbourg erbaut wurde. Recht schnell wurde der Bau aus Bruchsteinen hochgezogen, die vor Ort beim Ausheben des Grabens anfielen. Im 14. Jh. wurde sie vergrößert und in eine kleine Wohnburg umgebaut, von der, nach der Zerstörung durch die Schweden im 17. Jh., nur Mauerreste und der baufällige Wohnturm übrig blieben.

10

Der einstige Burgzugang führt am felsendurchsetzten Hang hinunter zur Weggabelung »Cote«, an der wir uns links halten und in mehreren Kehren durch einen Eichenwald, vorbei an einer verfallenden gotischen Kapelle – vermutlich eine ehemalige mittelalterliche Einsiedelei –, auf den Talgrund des Val de Villé (Giessen-Tal) gelangen. Nach links führt ein asphaltierter Fahrweg zum **Hotel-Restaurant Huhnelmuhle.**

Ein an der Huhnelmuhle links abzweigender Schotterweg (keine Markierung) steigt in einem niederen, bewaldeten Taleinschnitt mäßig steil an, beschreibt eine S-Kurve und führt wenig später bequem am Hang entlang. Unterhalb der Ortenbourg verlassen wir den Wald und folgen dem zwischen Weinfeldern verlaufenden Weg zu einer Wegkreuzung an der etwas tiefer am Hang stehenden **Kapelle Taennelkreuz** (208 m). Von der Kapelle aus blickt man auf Dieffenthal und Scherwiller, auf die Ortenbourg und → **Haut-Koenigsbourg**.

Imposant ist die Burgruine Ortenbourg, deren Bergfried durch eine zusätzliche Mauer geschützt wurde.

Die heutige Wallfahrtskapelle stammt aus dem Jahr 1905 und ersetzt eine ältere des Jahres 1864. Die Wallfahrt geht auf ein Ereignis zurück, das sich hier am Fuß des Bergs »Taennel« im Jahr 1806 zugetragen haben soll: Ein Ziegenhirte brach sich beim Hüten ein Bein, doch ein Fremder kam ihm zu Hilfe und forderte ihn auf, ein Kreuz zu errichten. Er machte sich ans Werk, doch schlief ermüdet über der Arbeit ein. Als er am nächsten Tag erwachte, war das Kreuz vollendet.

Auf dem nach links nahezu schnurgerade und in leichtem Auf und Ab entlang des Hangs verlaufenden Weinbergweg kehren wir zur Kirche von Dieffenthal zurück.

11 Zur mächtigen Haut-Koenigsbourg

Parkplatz bei Burgruine Kintzheim – Montagne des Singes (Affengehege) –
Haut-Koenigsbourg – Burgruine Kintzheim (Vogelwarte)   Karte: G/H13

an-
spruchs-
voll

11 km

4 Std.

430 m

Tourencharakter: Langer, mäßig steiler Anstieg auf einem bewaldeten Höhenrücken, ebensolcher Abstieg.
Beste Jahreszeit: April–Oktober.
Ausgangs-/Endpunkt: Parkplatz Nr. 1 bei Burgruine Kintzheim.
Wanderkarte: TOP 25, 1:25 000, Blatt 3717 ET (Sélestat, Ribeauvillé, Haut-Koenigsbourg).
Markierung: Vom Parkplatz bis Auber-ge la Wick rot-weiß-roter Balken; bis Wegkreuzung »Kreuzweg« roter Bal-ken; zur Haut-Koenigsbourg rot-weiß-roter Balken; beim Abstieg zunächst roter Balken, dann rot-weiß-roter Bal-ken bis Restaurant Schaflager; bis Wegkreuzung »Kreuzweg« roter Punkt; bis Lichtung »Borne Hexagonale« roter Balken; bis Burgruine Kintzheim rot-weiß-roter Balken.

Verkehrsanbindung: Von Sélestat auf der D201, anschließend D159 durch Kintzheim in Richtung Haut-Koenigsbourg; am Ortsende Kintzheim rechts abbiegen (Ausschilderung: Volerie des Aigles) und 700 m zum Parkplatz Nr. 1.
Einkehr: Auberge la Wick (Selbstbedienungslokal mit Gartenterrasse) bei Montagne des Singes; vor Haut-Koenigsbourg ein Kiosk, in der Burg ein Restaurant; am Osthang des Burgbergs Hotel-Restaurant Haut-Koenigsbourg (Aussichtsterrasse); Pension-Restaurant Schaflager (Terrasse).
Unterkunft: Hotel Haut-Koenigsbourg, Tel. 03 88 92 10 92; in Kintzheim u.a. Auberge aux Deux Clefs, Tel. 03 88 82 31 42.
Tourist-Info: Office de Tourisme, F-67600 Kintzheim, Tel. 03 88 82 09 90.

Gleich drei hochkarätige Touristenattraktionen liegen an dieser Wanderstrecke: die Greifenwarte in der Burgruine → **Kintzheim**, der Affenberg und die vollständig wiederaufgebaute → **Haut-Koenigsbourg**, ein »Muß« für jeden Elsaß-besucher.

Wegverlauf

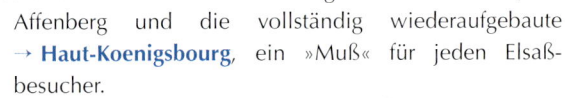

Vom Parkplatz 1 (ca. 330 m) nahe der Burgruine Kintzheim steigen wir auf einem Waldweg (rot-weiß-roter Balken) an zu einem für die Besucher des **Affengeheges** (Montagne des Singes) angelegten weitläufigen Parkplatz (400 m). Das Affengehege befindet sich zur Rechten.

Leicht nach links überqueren wir den Parkplatz, gehen links an der **Auberge la Wick** vorbei und biegen nach 50 m links ab auf einen Waldweg (roter Balken). In nur

Bei Kindern äußerst beliebt: ein Besuch des Affengeheges.

wenigen Metern Entfernung zur Straße Kintzheim–Haut-Koenigsbourg führt der leicht ansteigende Weg über einen Picknickplatz und die Wegkreuzung »Borne hexagonale« (405 m) zu einer als »Kreuzweg« bezeichneten Wegkreuzung. Wir folgen dem mittleren (roter Balken) der drei weiterführenden Wege, überqueren am nun

steiler ansteigenden Hang die Straße und stoßen auf einen querlaufenden Weg. Wir wenden uns nach rechts (rot-weiß-roter Balken) und überqueren schräg nach rechts ein weiteres Mal die Straße. Entlang des Ost- und Nordhangs steigen wir weiter an, halten uns nach mehreren hundert Metern an einer Wegkreuzung geradeaus und folgen dem Weg zurück an den Osthang, wo wir vollends zur **Haut-Koenigsbourg** (757 m) hochsteigen.

Nach der Besichtigung steigen wir am Kiosk wieder ab und wenden uns nach 100 m scharf nach rechts (roter Balken). Bequem gehen wir entlang des Südhangs abwärts und folgen dem mehrmals links und rechts abknickenden Weg (roter Balken). Wir passieren das **Hotel-Restaurant Haut-Koenigsbourg,** das sich wenige Meter unterhalb des Wegs befindet, und kreuzen die Straße an der Stelle, an der wir uns beim Anstieg nach rechts wandten. Nach rechts folgen wir dem Weg am Hang entlang und halten uns an der nächsten Weggabelung geradeaus (rot-weiß-roter Balken) zum **Restaurant Schaflager**.

Auf der anderen Straßenseite setzt sich der Weg fort (roter Punkt), und über die Wegkreuzung »Kreuzweg« erreichen wir auf demselben Weg, auf dem wir von La Wick hierher gelangten, die Wegkreuzung »Borne hexagonale«. Hier überqueren wir die Straße und steigen auf einem Waldweg (rot-weiß-roter Balken) ab zu einer Weggabelung, wo wir dem links abzweigenden Weg folgen, die Straße überqueren und auf einem schmalen Hügelrücken bequem die **Burgruine Kintzheim** erreichen.

Von der Burgruine kehren wir 200 m weit zurück und steigen nach rechts hinunter zum Parkplatz, unserem Ausgangspunkt.

12 Die Felsenlandschaft des Taennchel

Thannenkirch – Rocher des Géants – Rocher des Reptiles – Rammelfels – Rocher de la Paix d'Udine – Thannenkirch   Karte: G 13

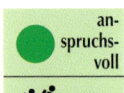

anspruchsvoll

14 km

4 Std.

540 m

Tourencharakter: Langer, steiler Anstieg auf das bewaldete Taennchel-Massiv; skurrile Felsformationen und eine »Heidenmauer«.
Beste Jahreszeit: Mai–Oktober.
Ausgangs-/Endpunkt: Thannenkirch, kleiner Parkplatz an der Kirche.
Wanderkarte: TOP 25, 1:25000, Blatt 3717 ET (Sélestat, Ribeauvillé, Haut-Koenigsbourg).
Markierung: Bis Gehöft Rotzel blaues Kreuz; bis Parkplatz Rotzel rot-weiß-roter Balken; bis Rammelfels gelber Balken; bis Rocher de la Paix d'Udine rot-weiß-roter Balken; Abstieg ohne Markierung, anschließend bis Thannenkirch blauer Punkt.

Verkehrsanbindung: Keine Busverbindung. Per PKW von Sélestat auf der D159 nach Kintzheim und nach links auf der D35 (Route du Vin) in Richtung Ribeauvillé;
in Bergheim rechts abbiegen auf die D42 nach Thannenkirch.
Einkehr: In Thannenkirch mehrere Restaurants, u.a. Auberge la Meunière (Aussichtsterrasse).
Unterkunft: In Thannenkirch u.a. Auberge la Meunière, Tel. 0389731047, und Touring Hotel, Tel. 0389731001.
Tourist-Info: Maison du Tourisme du Pays de Ribeauvillé, 1, Grand'Rue, F-68150 Ribeauvillé, Tel. 0389736222, Fax 0389732362.

Bizarr geformt sind die Felsen auf der Hochfläche des Taennchel.

Als geheimnisvoller Ort gilt die kleine Hochfläche des Taennchel, was nicht erstaunlich ist angesichts der bizarren Sandsteinfelsen, um die sich Legenden ranken und die solch phantasieanregende Namen tragen wie Reptilienfelsen, Riesenfelsen und Feenfelsen. Auch die sogenannte Heidenmauer (Mur païen), die sich über mehr als 2 km

Länge auf dem Bergrücken entlangzieht und deren Alter und Zweck ungeklärt sind, regt die Phantasie an und ist bei Wanderern äußerst beliebt. Im Jahr 1983 wurden hier Luchse eingeführt, die man allerdings nicht zu Gesicht bekommt.

Wegverlauf

Vom Parkplatz an der Kirche von Thannenkirch folgen wir der Ortsdurchfahrt mehrere hundert Meter weit durch das in einem Talkessel sich hinziehende Straßendorf, seiner Lage wegen ein beliebter Ausflugsort. 100 m nach der Auberge de la Hulotte steigen wir in der links abzweigenden Rue des Bucherons (keine Markierung) leicht an und gelangen auf einer querlaufenden Straße zu einer Straßengabelung am Place des Charpentiers. Wir halten uns rechts (blaues Kreuz), verlassen den Ort und folgen an einer Fahrweggabelung

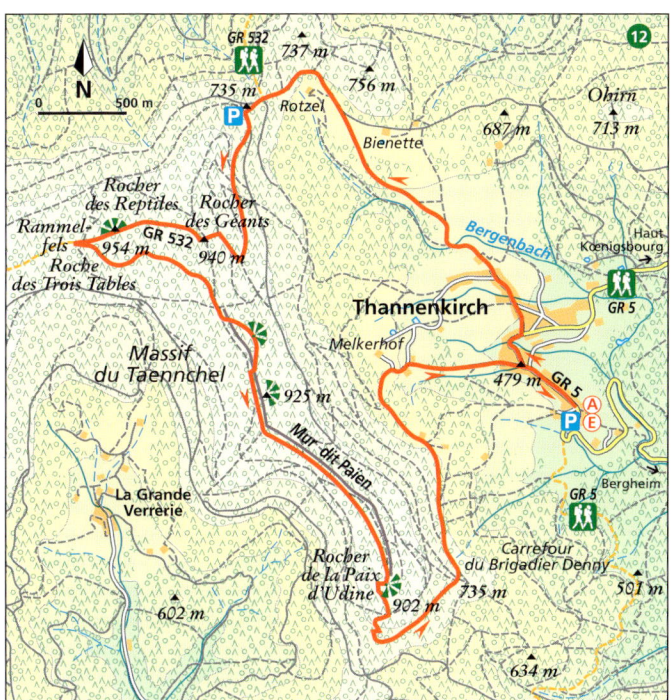

dem rechts weiterführenden Weg (blaues Kreuz). Zwischen sattgrünen Wiesen führt dieser steil bergauf, und wenige Meter nach einer betonierten Linkskurve biegen wir links ab auf einen Wiesenpfad. Recht steil steigen wir am Talhang des Bergenbachs zwischen Wiesen an und passieren das höher am Hang liegende Gehöft Biennette. Nach links entlang des Waldrands gelangen wir auf einem für den Kfz-Verkehr offenen Forstweg (rot-weiß-roter Balken), vorbei an dem im Talschluß liegenden Gehöft Rotzel, zum **Waldparkplatz Rotzel** (735 m).

Einige Meter nach dem Parkplatz biegen wir links ab (gelber Balken) und steigen auf einem schattigen Waldweg recht steil an. Nicht weit unterhalb der Hangkante wenden wir uns auf einem querlaufenden Weg scharf nach rechts (gelber Balken) und erreichen die Hangkante mit dem pilzförmigen **Pierre des Cordonniers** (Hochfels, wörtlich: Schusterstein) und mit dem Felsplateau **Rocher des Géants** (Riesenfels; 940 m). Von diesem Aussichtspunkt blicken wir auf den im

Die Pfade und Rastplätze am Taennchel sind stark frequentiert.

Nordwesten sich erheben den abgeflachten Kegel des Climont (→ **Wanderung 9**), auf das Lièpvrette-Tal und den Ausgang des Val de Villé, auf die Frankenbourg und auf die → **Haut-Koenigsbourg**.

Entlang der Hangkante führt der schattige Weg bequem zum zerklüfteten Rocher de la Petite Fée (Kleine Fee) und wenig später zur interessantesten Felsformation, dem **Rocher des Reptiles** (954 m): Wind und Wetter modellierten einige der Felstrümmer zu Formen, die an riesenhafte Echsenköpfe erinnern.

Wenige Minuten später passieren wir den Aussichtspunkt **Rammelfels** und erreichen einen Grillplatz an der **Schutzhütte** Kutzig-Buech (949 m).

Scharf nach links (rot-weiß-roter Balken) gelangen wir entlang der südlichen Kante der Hochfläche zum **Langfelsen** – Blick nach Süden auf das Tal des Ibachs mit dem Weiler la Grande Verrerie – und folgen kurz darauf einem Querweg nach rechts (rot-weiß-roter Balken). Auf der Kammhöhe des nun sehr schmalen Bergrückens windet sich der Weg zwischen Felsbrocken hindurch zum Nekropole-Felsen, wo eine zusammengestürzte »**Mur Païen**« (Heidenmauer) beginnt und sich über die ganze Länge des Bergkamms hinzieht.

Ursprung und Zweck der Mauer sind unbekannt. Unwahrscheinlich ist eine militärstrategische Bedeutung, denn die aus kleinen Bruchsteinen errichtete Mauer hätte einem Angriff nicht lange standgehal-

Wegen seiner reizvollen Lage wird Thannenkirch als Erholungs-ort geschätzt.

ten. Der gute Zustand – stellenweise ist die heute zu einem Bruch-stein-Wall verflachte Mauer noch immer 1 m hoch – deutet auf eine Entstehung vor erst einigen Jahrhunderten hin, ansonsten wäre die Mauer weitgehend eingeebnet.

Stets entlang der in leichtem Auf und Ab verlaufenden Mauer passie-ren wir den **Rocher Pointu** (Spitzfels), dann den **Rocher de la Garde** (Wachtfels) und erreichen den südlichsten Punkt des Höhenrückens, den **Rocher de la Paix d'Udine** (902 m), von wo sich nochmals ein herrlicher Ausblick bietet: auf die Rheinebene, auf zahlreiche Wein-orte am Fuß der Vogesen und auf die oberhalb von → **Ribeauvillé** sitzenden Burgruinen Haut-Ribeaupierre und St-Ulrich. Der Name des Felsen erinnert an den zwischen Frankreich und Österreich im Jahr 1797 in Udine geschlossenen Frieden.

Der Kammweg knickt rechts um, und nach nur 15 m biegen wir links ab auf einen schmalen Waldweg (keine Markierung), der in Kehren steil hinunterführt zu einem sandigen Forstweg. Nach links (blauer Punkt) gelangen wir zur Wegkreuzung »Brigadier Denny« (735 m) und folgen einem halb links hangabwärts führenden Forstweg zu den wenigen Häusern von **Melkerhof**. Kurzzeitig auf einem Sträßchen und nach rechts auf einem Wirtschaftsweg steigen wir vollends nach Thannenkirch hinunter und kehren auf der Ortsdurchfahrt zur Kirche zurück.

13

Zum Grand Brézouard

Col des Bagenelles – Grand Brézouard (1229 m) – Auberge
Haycot – Col des Bagenelles   Karte: E/F 14

 mittel

 11 km

 3¾–
4 Std.

 360 m

Tourencharakter: Langer, überwiegend mäßig steiler Anstieg; Abstieg über eine Auberge; nahezu durchgehend im Wald.
Beste Jahreszeit: Mai–Oktober.
Ausgangs-/Endpunkt: Großer Parkplatz im Col des Bagenelles.
Wanderkarte: TOP 25, 1:25 000, Blatt 3718 OT (Colmar, Kaysersberg , Le Bonhomme).
Markierung: Vom Col des Bagenelles zum Fuß des Brézouard roter Balken; Anstieg zum Gipfel rot-weiß-roter Balken, dann roter Balken; zurück zum Fuß des Brézouard roter Balken; zur Auberge Haycot zunächst rot-weiß-roter Balken, dann ohne Markierung; bis Wegkreuzung am Ende der Lichtung

gelbes Kreuz; zurück zum Col des Bagenelles roter Balken.
Verkehrsanbindung: Von Colmar auf der N415 über Kaysersberg und Lapoutroie nach Le Bonhomme; im Ort nach rechts auf die D48 zum Col des Bagenelles.
Einkehr: Auberge du Haycot (Do. geschlossen); Ferme Auberge la Graine Johé (10-minütiger Abstecher vom Ausgangspunkt).
Unterkunft: Ferme Auberge la Graine Johé, Tel. 03 89 47 51 55 (2 Schlafräume); in Le Bonhomme u. a. Hotel La Poste, Tel. 03 89 47 51 10.
Tourist-Info: Accueil »Wagon«, Route de l'Europe, Hachimette, F-68650 Lapoutroie, Tel. 03 89 47 53 11 (nur in der Hauptsaison).

Am nördlichen Abschnitt der → **Route des Crêtes** erhebt sich der bewaldete Grand Brézouard (1229 m), zu dem von der Paßhöhe Col des Bagenelles aus ein Wanderweg hinaufführt. Schön ist der Blick vom Gipfel ebenso wie von der Auberge Haycot, die am Fuß des Bergs auf einer Lichtung liegt.

Wegverlauf

Am Parkplatz bei der Straßenkreuzung im Col des Bagenelles (903 m) überqueren wir die nach Ste-Marie-aux-Mines hinunterführende Straße, die → **Route des Crêtes**, und halten uns an einer Fahrweggabelung rechts auf den Chemin Haycot (roter Balken). Der anfangs

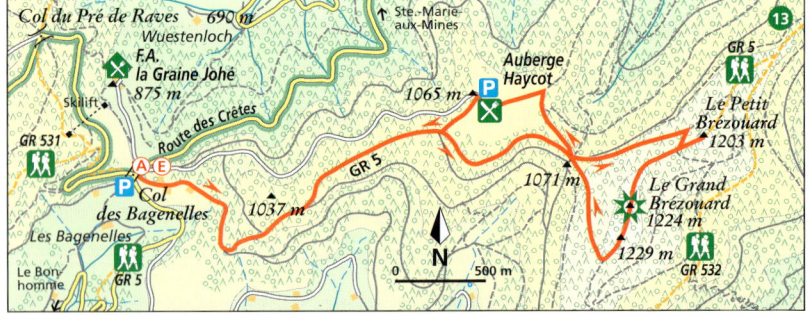

13

recht steil ansteigende Fahrweg geht in einen geschotterten Forstweg über und führt auf der Scheitelhöhe des bewaldeten Bergrückens zu einem querlaufenden Forstweg (1078 m).

Schräg nach rechts kreuzen wir diesen Weg (roter Balken), steigen zur Hütte eines Skiclubs leicht an – am Weg ein in den Waldboden eingelassenes Mosaik, das an eine deutsche Militäreinheit des Ersten Weltkriegs erinnert – und stoßen in einem Sattel (1077 m) am Fuß des Brézouard auf eine Wegkreuzung.

Geradeaus folgen wir einem abgeschrankten Forstweg und nach wenigen Metern einem rechts abzweigenden Waldweg (rot-weiß-roter Balken), der am **Petit Brézouard** steil ansteigt und immer wieder einen Blick auf das Val d'Argent erlaubt. Nach einigen Minuten biegen wir scharf rechts ab (rot-weiß-roter Balken) und erreichen den niederen Sattel zwischen Petit und Grand Brézouard.

Ein kurzer Abstecher nach links (hin und zurück 10 Minuten) führt auf den Petit Brézouard (1203 m); wegen des Baumbestands ist der Ausblick sehr beschränkt.

Aus dem Sattel steigen wir nach rechts weiter an (roter Balken) zwischen verwachsenen Bergkiefern und Bäumen und passieren eine kleine Lichtung mit einem Grenzstein (1224 m), der die Markungsgrenzen von Ste-Marie-aux-Mines, Fréland und Le Bonhomme kennzeichnet. Der Gipfel des **Grand Brézouard** (1229 m), läßt wegen der hohen Bäume nur einen auf den Südwesten beschränkten Ausblick zu, u. a. auf den Tête des Faux (1208 m), auf den Vogesenkamm und auf das Weiss-Tal, an dessen Ausgang die Weinorte → **Kaysersberg**, → **Kientzheim** und Ammerschwihr liegen.

Von der auf einer Lichtung gelegenen Auberge Haycot blickt man weit ins Land.

Geradeaus steigen wir am Südhang steil ab, wenden uns nach 150 m nach rechts (roter Balken) und kehren über den Westhang in den uns schon bekannten niederen Sattel am Fuß des Brézouard zurück. Geradeaus überqueren wir die Wegkreuzung (rot-weiß-roter Balken) und passieren vor einem Naturfreundehaus eine Erinnerungsstätte einer deutschen Kampfeinheit des 1. Weltkriegs. Bequem hangabwärts gelangen wir an den Waldrand und nach links (keine Markierung) zwischen Viehweiden zur **Auberge Haycot** (1065 m).

Nach wenigen Metern auf der Auberge-Zufahrt steigen wir nach links auf einem asphaltierten Fahrweg leicht an zum Waldrand und folgen demjenigen Forstweg, auf dem wir vom Col des Bagenelles aufgestiegen sind, bequem zurück zu unserem Ausgangspunkt.

14 Stille Pfade bei Riquewihr

Riquewihr – Kapelle und Auberge St-Alexis – Burgruine Silo –
Hunawihr – Riquewihr   Karte: G 14

mittel

19 km

5½ Std.

460 m

Tourencharakter: Langer Anstieg auf die bewaldete Höhe, bequem über Silo nach Hunawihr und durch Weinberge zurück.
Beste Jahreszeit: April–Oktober.
Ausgangs-/Endpunkt: Riquewihr; mehrere gebührenpflichtige Parkplätze am Rand der Altstadt.
Wanderkarte: TOP 25, 1:25 000, Blatt 3718 OT (Colmar, Kaysersberg).
Markierung: Von Riquewihr 500 m weit rotes Dreieck, anschließend bis St-Alexis gelber Punkt; bis Klosterruine Silo blaues Kreuz; bis Hunawihr blauer Punkt; ab Wehrkirche kurzzeitig ohne Markierung, dann Wegweiser eines »Sentier Viticole« (Weinlehrpfad).

Verkehrsanbindung: Von Colmar auf der N 415 in Richtung Kaysersberg/Munster, an Kreisverkehr bei Ingersheim nach rechts auf die D 10 in Richtung Ribeauvillé und hinter Mittelwihr links abbiegen nach Riquewihr.
Einkehr: In Riquewihr zahlreiche Restaurants, Weinstuben, Cafés; Auberge St-Alexis (mit Terrasse); Auberge La Clausmatt (Mo. geschlossen); in Hunawihr u. a. Winstub Suzel (mit Terrasse; Di. geschlossen).
Unterkunft: In Riquewihr u. a. Hotel Schoenenbourg, Tel. 03 89 49 01 11.
Tourist-Info: Office de Tourisme, 2, rue de la 1ère Armée, F-68340 Riquewihr, Tel. 03 89 49 08 40.

Zu jeder Jahreszeit schieben sich Touristen durch das Bilderbuchstädtchen → **Riquewihr** an der → **Route du Vin**. Nur wenige wählen das Städtchen jedoch als Ausgangspunkt für eine Wanderung in die bewaldeten Vogesenausläufer, wo man sich vom Trubel wieder erholen kann, z. B. beim Einkehren im Restaurant St-Alexis. Belebter wird es erst wieder in → **Hunawihr**, wo die reizvoll in Weinbergen gelegene Wehrkirche doch so manchen Besucher anlockt.

Der Markstein aus dem Jahr 1758 im Col de Seelacker erinnert an einstige Grenzen.

Wegverlauf

Vom Rand der Altstadt gehen wir durch **Riquewihr** hindurch zum »Dolder«, dem bergseitigen Torturm der Stadtbefestigung, oder beginnen gleich am »Dolder« und beschließen die Wanderung mit einem Rundgang durch die Altstadt.

Vom Torturm folgen wir geradeaus dem nach Hunawihr führenden Sträßchen, biegen nach wenigen Metern links ab auf einen Feldweg (rotes Dreieck) und steigen zwischen Weinfeldern, kurz darauf im Wald an. Auf einem breiten Weg wenden wir uns nach rechts – nicht weiter dem mit rotem Dreieck markierten Weg folgen! – zur Straße, die über St-Alexis nach Fréland führt.

Von der Straße biegen wir links auf einen Waldweg ab (gelber Punkt), der am Hang des Grosstals streckenweise steil ansteigt und zu einer Wegkreuzung auf der Scheitelhöhe des Berg-

rückens (670 m) führt. Wir halten uns rechts und folgen einem breiten Fahrweg nach links hinunter zu einer kleinen Lichtung mit der **Kapelle St-Alexis** und der **Auberge.**

Auf dem Zufahrtsweg kehren wir wieder zurück, steigen weiter zur Straße hoch und folgen ihr nach rechts (blaues Kreuz) in eine Rechtskurve (691 m). Geradeaus auf einem Forstweg, dem Chemin du Zimmerweg (blaues Kreuz), umrunden wir das Grosstal – gelegentlich erblicken wir zwischen den Bäumen die Rheinebene mit → **Colmar** – und halten uns an einer Wegkreuzung rechts (blaues Kreuz).

Im **Col de Seelacker** (676 m) passieren wir eine Schutzhütte und folgen an Weggabelungen und an einer Wegkreuzung dem mit dem blauen Kreuz markierten Weg. In Kehren steigen wir kurzzeitig steil ab, kreuzen einen querlaufenden Forstweg und erreichen ein idyllisches, baumbestandenes Plateau mit den teilweise überwachsenen Mauerresten des einstigen **Frauenklosters Silo** (604 m).

Nach der Gründung im 13. Jh. erlebte das Kloster eine kurze, wechselvolle Geschichte: baldige Zerstörung, Wiederaufbau, mehrfacher Besitzerwechsel und endgültiges Ende in der Reformationszeit.

Wer die Wanderung ohne Besuch der Auberge Clausmatt fortsetzen möchte, steigt geradeaus, an der Klosterruine vorbei, auf einem ge-

Der Legende nach wird ein Mädchen, das die Glocke der St-Alexis-Kapelle läuten läßt, noch im selben Jahr heiraten. Heute ist das neben der Kapelle gelegene Restaurant ein beliebtes Ausflugsziel.

14

wundenen Pfad hinunter zu einem Waldweg und folgt diesem nach rechts (blaues Kreuz). Wir kehren zu dem zuvor überquerten Forstweg zurück, folgen ihm nach rechts um die Lichtung mit der Auberge herum und steigen auf einem rechts abzweigenden Pfad zur **Auberge Clausmatt** (570 m) hinunter.

Vorgängerin der Auberge Clausmatt war das um das Jahr 1780 erbaute Gehöft St-Nicolas. Seit mehreren Jahren gehört das Anwesen

der Stadt Colmar und dient in erster Linie als Sozialstation – daher kein Alkoholausschank – zur Wiedereingliederung von Arbeitslosen in die Arbeitswelt.

Zwischen zwei Wirtschaftsgebäuden hindurch und quer über die Lichtung (keine Markierung), anschließend im Wald an einer ersten Weggabelung nach rechts, nach 100 m nach links folgen wir einem Waldweg, der unterhalb der Klosterruine am Hang entlangführt (blaues Kreuz). An einer Weggabelung halten wir uns auf den rechts abzweigenden Clausmatt-Weg, der in einem weiten Rechtsbogen stetig leicht hangabwärts führt (blauer Punkt). 250 m nach einer Wegkreuzung verlassen wir diesen Forstweg nach links (blauer Punkt), wenden uns kurz vor dem Waldrand nach rechts (blauer Punkt) und steigen nun steiler ab. Vorbei an Weinbergen und mit Blick auf den Weinort Zellenberg gelangen wir in das Winzerdorf **Hunawihr**.

Nur noch Mauerreste blieben vom ehemaligen Frauenkloster Silo übrig.

An einer Straßengabelung bei der »Winstub Suzel« halten wir uns rechts und steigen zu einer **Wehrkirche** hoch.

Nach der Besichtigung gehen wir um die Umfassungsmauer herum (keine Markierung) und steigen zwischen Weinfeldern nach links 250 m weit zu einer Kreuzung breiter Weinbergwege hinunter. Nach rechts (Ausschilderung: Sentier Viticole des Grands Crus) führt ein breiter, sandiger Wirtschaftsweg durch die Weinberge. Nach 500 m halten wir uns an einer Wegkreuzung geradeaus und wenig später auf einem querlaufenden Weg nach rechts, biegen nach 100 m wieder links ab und gehen an der nächsten Wegkreuzung geradeaus weiter bis in eine Kehre eines asphaltierten Weinbergwegs oberhalb von **Riquewihr**.

Dem rechts ansteigenden Fahrweg folgen wir zu einem **Aussichtspunkt** in den Weinbergen – sehr schöner Blick auf die Dächer der Stadt – und weiter zu einem querlaufenden Fahrweg. Nach links gelangen wir an die Straße Hunawihr–Riquewihr und steigen auf einem hier links abzweigenden Sträßchen zum Stadttor »Dolder« hinunter.

Der Vogesenkamm über dem Lac Blanc

Lac Blanc – Soultzerer Eck (1302 m) – Observatoire Belmont –
Rocher Château Hans – Lac Blanc   Karte: E15

15

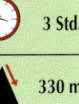

an-
spruchs-
voll

10 km

3 Std.

330 m

Tourencharakter: Streckenweise steiler Anstieg zum Vogesenkamm; langer Abstieg und Passage durch eine zerklüftete Felswand; Trittsicherheit notwendig!
Beste Jahreszeit: Mai–Oktober; nach strengem Winter liegt bis in den Juni Schnee.
Ausgangs-/Endpunkt: Parkplatz am Lac Blanc.
Wanderkarte: Top 25, 1:25000, Blatt 3718 OT (Colmar, Kaysersberg).
Markierung: Bis zum GR 5 gelber Balken; zum Vogesenkamm roter Balken; entlang Hangkante rot-weiß-roter Balken; bis Soultzerer Eck roter Balken; hinunter zum Lac Blanc rot-weiß-roter Balken.

Verkehrsanbindung: Keine Busverbindung. Per Pkw von Colmar auf der D417 im Vallée de Munster nach Soultzeren, rechts abbiegen auf die D48 und über den Col du Wettstein (Lingekopf) in Richtung Orbey; links abbiegen auf die D48 IV, dann erneut nach links auf die D48 II zum Lac Blanc.
Einkehr: Restaurant Le Mille Mètres am Lac Blanc; Ferme Auberge le Gazon du Faing (10-minütiger Abstecher zur Route des Crêtes).
Unterkunft: In Soultzeren u.a. Hôtel du Pont, Tel. 0389773523.
Tourist-Info: Office de Tourisme, 1, rue du Couvent, F-68140 Munster, Tel. 0389773180; Fax 0389770717.

Von einem steilen, felsigen Halbrund umgeben ist der Lac Blanc, ein Karsee, entstanden vor rund 10000 Jahren, als sich die Gletscher zurückzogen. Kahl sind die Steilhänge, die bei der Aufforstung im letzten Jahrhundert ausgeklammert wurden. Hier fühlen sich heute Gemsen und Wanderfalken wohl, wachsen seltene Pflanzen, weshalb der Landstrich zum Naturschutzgebiet erklärt wurde. 900 m entfernt liegt der Lac Noir, und zwar 104 m tiefer. Dieser Höhenunterschied wurde zur Energiegewinnung ausgenutzt. Durch eine Druckleitung mit einem Durchmesser von 4,5 m wurden die Seen miteinander verbunden. Nachts, wenn der Strom billiger ist, pumpte man das Wasser vom Lac Noir zum Lac Blanc hinauf, und tagsüber, zu Zeiten des Spitzenbedarfs, ließ man den oberen See ab und erzeugte auf diese Weise Strom.

Wegverlauf

Vom Parkplatz am Südostufer des **Lac Blanc** (1058 m), mit 70 m der tiefste aller Vogesenseen, steigen wir auf der Straße in Richtung Col du Calvaire an und biegen nach 250 m links ab (gelber Balken). Ein Waldweg, der Sentier Freppel, verläuft wenige Meter oberhalb des Ostufers des Sees und steigt am Nordufer in Kehren steil hoch zu einem sandigen Wirtschaftsweg. Wir wenden uns nach rechts über einen Skihang, biegen wenig später links ab auf den GR 5 (roter Bal-

15

ken) und erreichen entlang der Kante des zum Lac Blanc abfallenden Steilhangs den Vogesenkamm.

In leichtem Auf und Ab folgen wir der Hangkante (rot-weiß-roter Balken) mit Blick auf den Lac Blanc, auf das stark gegliederte Hügelland Val d'Orbey und auf die Rheinebene zu einer Wegkreuzung an der Stelle, wo die Felswand des Lac-Blanc-Kars in östlicher Richtung abknickt. Hier wenden wir uns nach rechts auf die Kammhöhe und ste-

15

hen am Rand der weitläufigen Hautes Chaumes, heidebewachsener **Hochweiden**, die unter Naturschutz gestellt wurden, weshalb man auf den Wegen bleiben sollte.

Am **Soultzerer Eck** (1302 m), einer Wegkreuzung hoch über dem Karsee Lac des Truites, biegen wir links ab in einen niederen Sattel (rot-weiß-roter Balken), in dem wir uns nach links wenden. Im anfangs dichten Bergkiefernwald halten wir uns nach 100 m an einer Weggabelung links (rot-weiß-roter Balken), wenig später an einer weiteren Gabelung rechts (rot-weiß-roter Balken). Oberhalb des Lac-Noir-Kars steigt der Weg zunächst leicht an und führt anschließend an der Kante des bewaldeten Steilhangs bequem abwärts. Wo der Weg steil zu fallen beginnt, folgen wir einem links abzweigenden Weg (rot-weiß-roter Balken) recht steil hoch zum Aussichtsfelsen **Observatoire Belmont** (ca. 1230 m). Benannt wurde der Fels nach einem im Ersten Weltkrieg gefallenen Capitaine F. Belmont.

Nach wenigen Minuten erreichen wir den zerklüfteten Felsklotz **»Château Hans«**, einen Aussichtspunkt, von dem wir auf den Lac Blanc und eine auf einem hoch aufragenden Felsen stehende Marienstatue blicken.

Zwischen Felstrümmern steigen wir steil ab, durchqueren auf dem nun mit einem Geländer gesicherten Pfad eine felsige Steilwand und gelangen in zahlreichen Kehren hinunter zum Lac Blanc.

Sowohl Wanderer als auch Autotouristen schätzen das Restaurant Le Mille Mètres am Lac Blanc.

16 Lac Vert und Lac des Truites

Ferme Auberge Seestaedtle – Lac Vert – Ferme Auberge Gaertlesrain – Lac des Truites – Soultzerer Eck – Ferme Auberge Seestaedtle   Karte: E 15

 mittel

 10 km

 3¼ Std.

 380 m

Tourencharakter: Auf und Ab zwischen zwei Karseen, steiler Anstieg auf den Vogesenkamm und bequem zurück zum Ausgangspunkt.
Beste Jahreszeit: Ende Mai–Oktober; nach strengem Winter liegt Schnee bis in den Juni.
Ausgangs-/Endpunkt: Parkplatz nahe der Ferme Auberge Seestaedtle.
Wanderkarte: TOP 25, 1:25 000, Blatt 3618 OT (Le Hohneck, Gérardmer, La Bresse).
Markierung: Von Ferme Auberge Seestaedtle bis Lac des Truites gelber Punkt; Anstieg zum Soultzerer Eck anfangs rotes Dreieck, dann rot-weiß-roter Balken; auf dem Vogesenkamm roter Balken; Abstieg zu Seestaedtle gelbes Schrägkreuz.
Verkehrsanbindung: Per Pkw von Colmar auf der D 417 im Vallée de Munster in Richtung Col de la Schlucht; ca. 4 km

hinter Soultzeren rechts abbiegen (Ausschilderung: Le Tanet/Lac Vert) und 5 km zum Parkplatz nahe der Ferme Auberge Seestaedtle.
Einkehr: Ferme Auberge Seestaedtle (Anfang Mai–Ende Okt., geschlossen Mo. im Sept./Okt.); Ferme Auberge Gaertlesrain (Mitte Mai–Mitte Okt.); Ferme Auberge Lac du Forlet (Anfang Mai–Ende Okt., Di. geschlossen); über einen Abstecher zur Route des Crêtes (hin und zurück 1 km) Ferme Auberge le Gazon du Faing (geöffnet nur Mi., Sa. und So., in den Schulferien täglich).
Unterkunft: In Soultzeren u.a. Hôtel du Pont, Tel. 03 89 77 35 23; bei Soultzeren das Hôtel L'Eméraude, Tel. 03 89 77 02 50; am Col de la Schlucht u.a. Hotel Le Chalet, Tel. 03 89 77 04 06.
Tourist-Info: Office de Tourisme, 1, rue du Couvent, F-68140 Munster, Tel. 03 89 77 31 80, Fax 03 89 77 07 17.

Nur wenige Kilometer voneinander entfernt sind die beiden Karseen Lac Vert und Lac des Truites (Lac du Forlet), die unterhalb des steil abfallenden Vogesenkamms liegen. Von diesem bietet sich, hat man den Anstieg hinter sich, ein faszinierender Blick in die Tiefe und über die Höhenrücken der Vogesen.

Wegverlauf

Wenige Meter oberhalb des Parkplatzes bei der Ferme Auberge Seestaedtle (1070 m) überqueren wir das zum Lac Vert führende Sträßchen und gelangen auf einem parallel zum Sträßchen verlaufenden Waldweg (gelber Punkt) an das Südufer des **Lac Vert** (1044 m), eines im Sonnenlicht türkisfarben schimmernden Karsees.

Wir überqueren den Staudamm und folgen einem sandigen Fahrweg wenige hundert Meter weit bergauf. In einer Linkskurve des Fahrwegs steigen wir geradeaus (gelber Punkt) über eine Viehweide steil hoch zur **Ferme Auberge Gaertlesrain** (1103 m), von der aus wir auf den Tanet (1292 m) und auf den weiter südlich aufragenden Hohneck (1363 m) blicken.

Höher am Hang passieren wir das Refuge Erichson und gelangen entlang dem Hang der bewaldeten Erhebung Pferchkoepfle (1185 m) zum Waldrand. Vor uns liegt der kleine **Lac des Truites** (1061 m), ein aufgestauter Karsee in einem steilwandigen, felsigen und nach Südosten hin offenen Talkessel. Nach links (rotes Dreieck) erreichen wir die wenige Meter oberhalb des Seeufers stehende **Ferme Auberge du Forlet** (1091 m), von der wir in südöstlicher Richtung auf den Col du Wettstein und die im Ersten Weltkrieg hart umkämpfte Erhebung Schratzmaennele (1045 m) mit dem → **Lingekopf** blicken.

Am Nordhang des Kars steigen wir in Kehren steil hoch in einen niederen Sattel (1268 m) zwischen dem Aussichtspunkt Altenkraehkopf (1277 m) und dem Vogesenkamm, wenden uns nach links und errei-

16

Die Ferme Auberge du Forlet ist eine der zahlreichen bewirtschafteten Almen in den Hochvogesen.

chen wenig später auf der Kammhöhe die Wegkreuzung **Soultzerer Eck** (1302 m).

Während sich westlich des Kamms unter Naturschutz gestellte Hochweiden erstrecken und bewaldete Höhenzüge den Eindruck einer menschenleeren Landschaft vermitteln, ist das Bild, das sich östlich des Kamms bietet, ein krasser Gegensatz: Gehöfte und Ortschaften, Wiesen und Viehweiden an den Hängen und in den Tälern, im Hintergrund die Rheinebene.

Nach links (roter Balken) folgen wir dem ausgetretenen Weg entlang der Hangkante über einen Orientierungspunkt – auf einem hier abzweigenden Weg gelangt man zu der an der → **Route des Crêtes** liegenden Ferme Auberge le Gazon du Faing (Abstecher 1 km hin und zurück) – und den Ringbuhl (1302 m). Anschließend führt der nahezu schnurgerade Weg über Viehweiden bequem hangabwärts zur Route des Crêtes im Collet du Lac Vert (1225 m).

Auf dem geradeaus weiterführenden Waldweg (roter Balken) steigen wir wieder leicht an und wenden uns nach 300 m an einer Wegkreuzung nach links auf einen Waldweg (gelbes Schrägkreuz), der am bewaldeten Hang in Kehren zunächst steil, dann bequem in das Kar mit dem zwischen den Bäumen zu sehenden Lac Vert hinunterführt. Wenige Meter oberhalb des von der **Ferme Auberge Seestaedtle** zum Lac Vert führenden Sträßchen stoßen wir auf denjenigen Weg, auf dem wir unsere Wanderung begonnen haben (gelber Punkt), und folgen ihm nach rechts zurück zu unserem Ausgangspunkt.

Wilde Wasser bei Gérardmer

17

Wasserfall Saut des Cuves – Roche des Bruyères (906 m) –
Col de Martimpré – Gorge des Roitelets – Vologne-Tal   Karte: C 15

leicht–
mittel

5,5 km

ca.
2 Std.

280 m

Tourencharakter: Steiler Anstieg zu Aussichtsfelsen, durch enge Schlucht und am Fluß Vologne bequem talaufwärts.

Beste Jahreszeit: April–Oktober.

Ausgangs-/Endpunkt: Parkplatz »Saut des Cuves« bei Wasserfall.

Wanderkarte: TOP 25, 1:25000, Blatt 3618 OT (Le Hohneck, Gérardmer, La Bresse).

Markierung: Vom Parkplatz beim Wasserfall bis Col de Martimpré roter Punkt; anschließend durchgehend grüner Balken.

Verkehrsanbindung: Busverbindung Colmar–Gérardmer–Épinal. Per Pkw von Colmar auf der D 417 durch das Vallée de Munster und über den Col de la Schlucht in Richtung St-Dié; 1,5 km nach dem Ortsende von Xonrupt-Longemer links abbiegen nach Gérardmer; nach 50 m, unmittelbar nach der Vologne-Brücke, rechts der Parkplatz »Saut des Cuves«.

Einkehr: Hotel-Restaurant L'Auberge im Col de Martimpré; mehrere Restaurants und Cafés in Gérardmer.

Unterkunft: Im Col de Martimpré das Hotel L'Auberge, Tel. 03 29 63 06 84; in Gérardmer u. a. Hôtel de la Paix, Tel. 03 29 63 38 78, und Chalet du Lac, Tel. 03 29 63 38 76.

Tourist-Info: Office de Tourisme, 4, place des Déportés, F-88400 Gérardmer, Tel. 03 29 27 27 27, Fax 03 29 27 23 25.

Über Steine stürzt das Wasser in der engen Gorge des Roitelets bergab.

Beliebt bei Spaziergängern ist der Abschnitt des Vologne-Tals am Stadtrand von → **Gérardmer**. Hier mündet die idyllische Schlucht Gorge des Roitelets ein, führen Brückchen zu einer Insel mit Rastplatz, stürzt das Flüßchen Vologne rauschend über Felsen hinab.

Wegverlauf

Ehe wir unsere Wanderung beginnen, überqueren wir am Parkplatz die nach Gérardmer führende Straße und gelangen nach 100 m an den Wasserfall **Saut des Cuves**: Über mehrere Felsstufen stürzen die Wassermassen des Flusses Vologne zwischen engstehenden Felsen ab, wobei im Laufe der Zeit Strudellöcher (cuves = Bottiche) entstanden sind.

Auf dem gleichen Weg kehren wir zurück zur Straße und überqueren die Brücke über den Fluß, nach wenigen Metern die nach St-Dié führende Durchgangsstraße. Über einige Treppenstufen (roter Punkt) und in zahlreichen Kehren steigen wir auf einem Waldweg am Hang der Erhebung La Beheuille (990 m) steil an und kreuzen auf halber Hanghöhe einen Forstweg. Auf einem querlaufenden Weg (grüner Balken) wen-

17

den wir uns nach links und erreichen wenig später den **Roche des Bruyères** (906 m), der einen herrlichen Ausblick auf Gérardmer und den Lac de Gérardmer bietet.

Nach einem kurzen Anstieg gehen wir bequem hangabwärts (grüner Balken), folgen kurz vor dem **Col de Martimpré** (798 m) dem markierten Weg nach links und überqueren erneut die nach St-Dié führende Straße. Rechter Hand befindet sich das Hotel-Restaurant L'Auberge.

Ein Forstweg (grüner Balken) führt mäßig steil hangabwärts und geht in einen Waldweg über, der kurzzeitig in der Schneise einer Stromleitung verläuft. Wir kreuzen ein asphaltiertes Sträßchen, folgen einem hier rechts abzweigenden Fahrweg und biegen unmittelbar vor dem Gehöft Vologne und einer dazugehörigen Ferienhaussiedlung rechts ab. Ein ausgetretener Pfad führt steil hinunter in die bewaldete **Gorge des Roitelets** (Zaunkönig-Schlucht), die man nicht als atemberaubend wild, sondern als reizvoll-romantisch bezeichnen würde.

In dem engen, bewaldeten Tal überqueren wir zunächst den steil abstürzenden Bach Narouël auf einer Holzbrücke, gehen talabwärts

17

und überqueren in der etwa 300 Meter langen Schlucht den Bach noch zweimal. Mehrmals verengt sich das Tal zu nur wenige Meter breiten, felsigen Durchbruchstellen, die zu überwinden aber keinerlei Problem darstellt. Am Ende der Gorge des Roitelets verbreitert sich der Weg und mündet auf der Talsohle der Vologne auf Höhe eines Damms in einen breiten, bei Spaziergängern sehr beliebten Weg ein. Nach links (grüner Balken) gehen wir entlang des Flusses und des stellenweise etwas felsigen, gelegentlich auch mit Geröll bedeckten Talhangs bequem talaufwärts und passieren zwei als **Îles Marie Louise** (oder Perles de Vologne) bezeichnete flache Inseln. Auf der zweiten Insel, die über zwei schmale Brücken mit beiden Ufern verbunden ist, wurde ein netter Rastplatz angelegt.

Wenige Minuten später überqueren wir beim Roche St-Colomban den Fluß auf der **Pont des Fées**, einer im 18. Jh. erbauten, mehrere Meter hohen Rundbogenbrücke.

Der nicht sonderlich beeindruckende Felsklotz erinnert an den irischen Mönch Columban, der um das Jahr 600 n. Chr. im Fränkischen Reich als Missionar aktiv war und in den südwestlichen Ausläufern der Vogesen das Kloster Luxeuil gründete. Auf einer seiner Missionsreisen soll er hier vorbeigekommen sein.

Der breite Waldweg (grüner Balken) steigt nun etwas steiler an, verläuft höher am Hang und führt, vorbei an einigen einzeln stehenden Häusern der Ortschaft La Cercenée, zum Parkplatz »Saut des Cuves«, unserem Augsgangspunkt.

Im 18. Jh. wurde das romantische Brücklein Pont des Fées erbaut.

18

Der Felsenweg am Col de la Schlucht

Col de la Schlucht – Sentier des Roches – Ferme Auberge Frankenthal –
Col de Falimont (1293 m) – Col de la Schlucht   Karte: D/E 16

anspruchsvoll

10 km

3¾–4 Std.

550 m

Tourencharakter: Felsenweg durch Steilhang (Trittsicherheit!) und sehr steiler Anstieg auf den Vogesenkamm; nicht bei Nässe!

Beste Jahreszeit: Mitte Mai–Oktober; nach strengem Winter kann noch im Juni Schnee liegen.

Ausgangs-/Endpunkt: Großer Parkplatz im Col de la Schlucht (1139 m).

Wanderkarte: TOP 25, 1:25 000, Blatt 3618 OT (Le Hohneck, Gérardmer, La Bresse).

Markierung: Vom Col de la Schlucht bis Ferme Auberge Frankenthal blauer Balken; Anstieg zum Vogesenkamm gelber Punkt; bis kurz vor Ferme Auberge les Trois Fours roter Balken; zu Ferme Auberge les Trois Fours und zurück zum GR 5 keine Markierung; bis Col de la Schlucht roter Balken.

Verkehrsanbindung: Busverbindung Colmar–Épinal über Col de la Schlucht, zweimal täglich. Per Pkw von Colmar im Vallée de Munster über Munster und Soultzeren zum Col de la Schlucht.

Einkehr: Im Col de la Schlucht drei Restaurants; Ferme Auberge Frankenthal (Juni–Okt.); Ferme Auberge les Trois Fours (1. Mai–1. Nov., Mo. geschlossen).

Unterkunft: Am Col de la Schlucht u.a. Hotel Le Chalet, Tel. 03 89 77 04 06; Ferme Auberge les Trois Fours, Tel. 03 89 77 31 14.

Tourist-Info: Office de Tourisme, 1, rue du Couvent, F-68140 Munster, Tel. 03 89 77 31 80, Fax 03 89 77 07 17.

Der anspruchsvollste Wanderweg in den Vogesen ist der sogenannte Felsenpfad (Sentier des Roches), der unterhalb des Vogesenkamms durch felsiges Gelände verläuft. Er windet sich unter Felswänden entlang und um Felsvorsprünge herum, führt über kleinere Geröllfelder und steigt stellenweise steil ab. Die schwierigen Stellen sind jedoch durch Drahtseile oder Geländer gut abgesichert.

Wegverlauf

Im Frühjahr sind die Wiesen bei der abgelegenen Alm Frankenthal mit Narzissen übersät.

Vom Parkplatz im **Col de la Schlucht** folgen wir der Straße in Richtung Munster/Colmar, verlassen sie nach 50 m gegenüber dem Relais des Roches nach rechts und folgen einem Waldweg (blauer Balken; **Sentier des Roches**), der entlang des bewaldeten Steilhangs im Talschluß des Baches Schluchtrunz verläuft. An einer Weggabelung halten wir uns geradeaus, und wenig später wird der zunehmend steiler fallende Hang felsig. In ständigem Auf und Auf führt der nun schmale Pfad auf ca. 2 km Länge auf Felsbändern an zumeist mit Führungsseilen gesicherten Felswänden entlang, auf schmalen Metallbrücken über Felsspalten, durch Geländer gesichert über exponierte Felsnasen, über Geröllfelder und gelegentlich auf kurze Strecken auch bequem am Hang

18

entlang. Weniger steil geneigte Hangflächen beeindrucken mit Baumriesen und umgestürzten Bäumen zwischen den zahllosen Felstrümmern.

Eine erste Unterbrechung des streckenweise mühsamen Vorwärtskommens bietet ein Picknickplatz auf einem Felssporn, der Ausblick über das → **Vallée de Munster** gewährt. 15 Min. später führt ein tunnelartiger Felsspalt durch einen in den Talkessel vorspringenden Felsgrat, und vor dem **Krappenfels**, einem weiteren aus dem Hang vor-

18

ragenden Felsgrat, führt der Pfad in einer langgestreckten Schleife hangabwärts und um den Fuß des Felsens herum. Das Ende des »Sentier des Roches« haben wir an derjenigen Stelle erreicht, wo wir in zwei Kehren kurz ansteigen in einen niederen Sattel.

Hier halten wir uns an einer Weggabelung geradeaus (blauer Balken), gelangen bequem hangabwärts an einen Forstweg und steigen auf ihm nach rechts in einer weitgeschwungenen Kurve hoch zur **Ferme Auberge Frankenthal** (1032 m).

Inmitten von Viehweiden, die im Frühjahr wahre Narzissenteppiche bilden, steht das kleine Almgebäude auf dem Hangabsatz eines zum Vallée de Munster hin offenen Kars. Im Süden begrenzen die Felswand am Hohneck (1363 m) und der Steilhang des Petit Hohneck (1289 m), im Nordwesten die hohe, bei Kletterern beliebte **Martinswand** (1273 m) den Felsenkessel.

Wenige Meter vor dem Almgebäude wenden wir uns nach rechts (gelber Punkt), passieren einen weitgehend verlandeten Karsee und gelangen über zahlreiche Kehren am Steilhang in einem etwa 45-minütigen Anstieg in den **Col de Falimont** (1293 m) auf dem Vogesenkamm. Während eventueller Erholungspausen beim Aufstieg lohnt es sich, die nähere Umgebung zu beobachten, denn die hier lebenden Gemsen sind nicht allzu scheu.

Auf dem Vogesenkamm bietet sich ein herrlicher Rundblick: auf Le Hohneck und Petit Hohneck, auf heidebewachsene Hochweiden und bewaldete Höhenzüge im Westen, im Osten auf besiedelte Täler und Hochtäler, weit im Hintergrund auf die Rheinebene.

Nach rechts folgen wir einem breit ausgetretenen Weg (roter Balken) zunächst entlang der Hangkante, anschließend durch lichten Bergwald und erreichen auf einem von der → **Route des Crêtes** abzweigenden Sträßchen nach rechts die **Ferme Auberge les Trois Fours** (1220 m). Im ersten Gebäude befindet sich die Käserei (Käseherstellung 9–9.30 Uhr, Besichtigung und Käseverkauf 15.30– 16.30 Uhr), im zweiten, das in herrlicher Aussichtslage steht, die Gaststätte.

Wenige Meter nach der Ferme Auberge betreten wir eine umzäunte Viehweide (keine Markierung), steigen entlang des Waldrands leicht an und folgen dem links abknickenden Zaun auf einem Pfad zum Fernwanderweg GR 5 (roter Balken). Nach rechts führt der breite Waldweg entlang der Hangkante bequem abwärts, führt an einem Aussichtsfels vorbei und mündet schließlich nahe einer Kapelle in die Paßstraße am Col de la Schlucht ein.

Rechte Seite: Sowohl Kletterer als auch Gemsen kann man in der Martinswand, einer Felsformation auf der steil abfallenden Ostseite des Vogesenkamms, häufig beobachten.

19

Von Gaschney auf den Hohneck

Le Gaschney – Ferme Auberge Schiessroth – Le Hohneck (1363 m) –
Lac de Schiessrothried – Le Gaschney   Karte: D/E 16

 mittel

 10 km

 3–3½ Std.

 460 m

Tourencharakter: Langer Anstieg zum Hohneck, steiler Abstieg zum Karsee; nach kurzem Anstieg bequem zurück.
Beste Jahreszeit: Mai–Okt.; nach strengem Winter liegt noch im Juni Schnee.
Ausgangs-/Endpunkt: Großer Parkplatz in Le Gaschney.
Wanderkarte: TOP 25, 1:25 000, Blatt 3618 (Le Hohneck, Gérardmer, La Bresse).
Markierung: Von Le Gaschney bis Ferme Auberge Schiessroth rot-weiß-roter Balken; Aufstieg zum Hohneck roter Balken; in den Col du Wormspel rot-weiß-roter Balken; bis kurz vor Lac de Schiessrothried blaues Dreieck; bis Le Gaschney blauer Balken.

Verkehrsanbindung: Per Pkw von Colmar auf der D417 im Vallée de Munster bis Munster, links abbiegen auf die D10 in Richtung Metzeral und in Muhlbach-sur-Munster rechts abbiegen nach Le Gaschney.
Einkehr: Ferme Auberge du Gaschney (ganzjährig geöffnet, Mi. geschlossen); Ferme Auberge Schiessroth (Mitte Mai–Mitte Okt.); Café-Restaurant Le Hohneck.
Unterkunft: Bei Le Gaschney am Hang des Petit Hohneck das Hotel Schallern, Tel. 03 89 77 61 85.
Tourist-Info: Office de Tourisme, 1, rue du Couvent, F-68140 Munster, Tel. 03 89 77 31 80, Fax 03 89 77 07 17.

Ein Klassiker unter den Vogesentouren ist die Runde vom kleinen Wintersportort Gaschney über den Hohneck, einen phantastischen Aussichtspunkt, hinunter zu dem im felsigen Wormspel-Kar gelegenen Lac de Schiessrothried.

Unterhalb des Hohneck liegt in einem steilwandigen Kar der Lac de Schiessrothried.

Wegverlauf

Vom Parkplatz (985 m) bei den wenigen Gebäuden von **Le Gaschney** gehen wir auf einem breiten Schotterweg auf den Petit Hohneck (1289 m) zu und nach links (rot-weiß-roter Balken), oberhalb der **Ferme Auberge du Gaschney**, an der Talstation eines Skilifts vorbei. Hier halten wir uns an einer Weggabelung geradeaus auf dem Zufahrtsweg der Ferme Auberge Schiessroth. Zunächst recht steil durch lichten Mischwald, anschließend über Viehweiden erreichen wir die am Südausläufer des Petit Hohneck in Aussichtslage stehende **Ferme Auberge Schiessroth** (1142 m).

Im Nordwesten begrenzt der Hohneck das Wormspel-Kar, das wiederum durch den Felsgrat der Spitzköpfe vom Kar mit dem Lac de Fischboedle getrennt wird, im Südwesten erheben sich die zu den höchsten Gipfeln der Vogesen zählenden Rainkopf (1306 m), Rothenbachkopf (1316 m) und Batteriekopf (1311 m), im Südosten erstreckt sich das → **Vallée de Munster** (Fecht-Tal).

19

Am Hang des Petit Hohneck steigen wir zunehmend steiler an in den **Col de Schaeferthal** (1228), den Sattel zwischen Petit Hohneck und Hohneck. Knapp unterhalb der Scheitelhöhe am Südhang des Wormspel-Talkessels mit dem Lac de Schiessrothried führt der Weg entlang der stellenweise felsigen Hangkante auf die Gipfelhochfläche des **Hohneck** (1363 m) mit dem Café-Restaurant Le Hohneck hinauf.

Der Rundblick von einem der höchsten Vogesengipfel ist phantastisch: Im Norden reicht der Blick bis zum Donon (→ **Grandfontaine**), im Westen weit hinein nach Lothringen, im Süden über den Vogesen-Hauptkamm und im Osten über das Fecht-Tal und die Rheinebene bis zum Schwarzwald.

Entlang der Hangkante führt ein breiter Kiesweg (rot-weiß-roter Balken) in den **Col du Wormspel** (Collet du Hohneck; 1280 m), wo wir nach links (blaues Dreieck) steil in das Kar hinuntersteigen und, vorbei an der Abzweigung des GR 531 (von nun an blauer Balken), das Ufer des aufgestauten **Lac de Schiessrothried** (930 m) erreichen.

Nach Überqueren der Staumauer folgen wir einem breiten, nach rechts ansteigenden Waldweg (blauer Balken) zu einer Wegkreuzung, halten uns halb links und stoßen auf einen Forstweg. Bequem gelangen wir zur Wegkreuzung **Mohrenloch** (977 m), wenden uns nach links (blauer Balken) und kehren nach Le Gaschney zurück.

20 Le Hohneck und der Kastelberg

Route des Crêtes – Le Hohneck (1363 m) – Ferme Auberge Kastelbergwasen – Kastelberg – Route des Crêtes   Karte: D 16

leicht–
mittel

9,5 km

3 Std.

280 m

Tourencharakter: Kurzer Anstieg zum Hohneck und recht bequem über die Hochweiden am Vogesenkamm.
Beste Jahreszeit: Mai–Oktober.
Ausgangs-/Endpunkt: Parkplatz an der Route des Crêtes beim Café-Restaurant Au Pied du Hohneck.
Wanderkarte: TOP 25, 1:25 000, Blatt 3618 OT (Le Hohneck, Gérardmer, La Bresse).
Markierung: Von Route des Crêtes bis Col du Wormspel blauer Kreis; Anstieg zum Hohneck rot-weiß-roter Balken; vom Col du Wormspel bis Ferme Auberge Kastelbergwasen gelbes Kreuz; ca. 1 km weit blauer Balken, dann bis Parkplatz auf Vogesenkamm ohne Markierung; über den Kastelberg rot-weiß-roter Balken.
Verkehrsanbindung: Von Colmar auf der D 417 im Vallée de Munster zum

Col de la Schlucht, links abbiegen auf die Route des Crêtes und 4 km zum Parkplatz an der Linksabzweigung der auf den Hohneck führenden Straße.
Einkehr: Am Ausgangspunkt Café-Restaurant und Brasserie; Café-Restaurant auf Hohneck-Gipfel; Ferme Auberge Kastelbergwasen (Mitte Mai– Mitte Okt.); Abstecher an die Route des Crêtes zur Ferme Auberge Breitzhousen (ganzjährig außer Dez. geöffnet).
Unterkunft: Ferme Auberge Breitzhousen (6 Schlafräume für 20 Personen), Tel. 03 29 63 22 92; im Col de la Schlucht u. a. Hotel-Restaurant Le Chalet, Tel. 03 89 77 04 06.
Tourist-Info: Office de Tourisme, 1, rue du Couvent, F-68140 Munster, Tel. 03 89 77 31 80, Fax 03 89 77 07 17.

Nach der Schneeschmelze erscheinen auf den Bergweiden am Kastelberg die farbenprächtigen Narzissen.

Eine angenehm leichte Tour, die trotz geringen Anstiegs herrliche Ausblicke bietet und entlang des Steilabfalls am Vogesenkamm sowie über weite Hochweiden zur Ferme Auberge Kastelbergwasen führt. Eine Tour, die sich gut zur Unterbrechung der Autofahrt über die
→ **Route des Crêtes** eignet.

Wegverlauf

Vom Parkplatz (1245 m) bei dem an der Route des Crêtes gelegenen Café-Restaurant Au Pied du Hohneck folgen wir einem ausgetretenen Weg (blauer Kreis) über Hochweiden auf den Vogesenkamm in den **Col du Wormspel** (Collet du Hohneck; 1280 m) und steigen entlang der Hangkante des tiefen, steilwandigen Wormspel-Kars mit dem Lac de Schiessrothried (930 m) vollends hoch zum **Hohneck** (1363 m), auf dessen Gipfelhochfläche sich ein Café-Restaurant befindet.
Vom Hohneck, nach dem Grand Ballon (1424 m; → **Wanderung 26**) die zweithöchste Erhebung der Vogesen, bietet sich ein herrlicher

Rundblick: auf das → **Vallée de Munster** (Fecht-Tal) und über die Rheinebene hinweg zum Schwarzwald, im Norden bis zum Donon (1008 m; → **Grandfontaine)**, über bewaldete Höhenzüge und den Lac de Longemer weit nach Lothringen hinein und über den südlichen Abschnitt des Vogesenkamms mit dem Grand Ballon; an klaren Tagen sind selbst die Alpen zu sehen.

Wir kehren in den Col du Wormspel zurück, halten uns links entlang der Kante des Wormspel-Kars (gelbes Kreuz) und passieren die **Spitzköpfe**, einen Felsgrat, der das Wormspel-Kar von dem südlich sich anschließenden Kar mit dem Lac de Fischboedle trennt. In zunächst

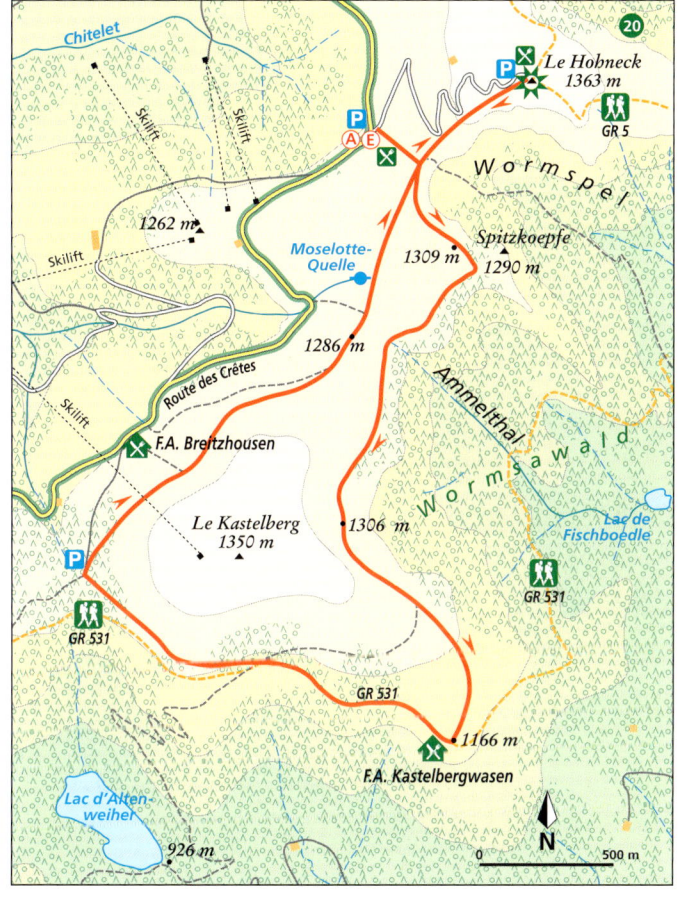

20

sanftem Auf und Ab an der Hangkante, anschließend hangabwärts über die Viehweiden des **Kastelbergs** (1350 m) gelangen wir zu einer Weggabelung. Geradeaus erreichen wir die auf dem Südostausläufer des Kastelbergs hoch über dem Fecht-Tal gelegene **Ferme Auberge Kastelbergwasen** (1166 m). Sehr schön zu sehen ist der steil fallende Vogesenkamm mit den Felswänden der zu den höchsten Vogesengipfeln zählenden Erhebungen Rainkopf (1306 m), Rothenbachkopf (1316 m) und Batteriekopf (1311 m), über denen an sonnigen Wochenenden zahlreiche Gleitschirmflieger ihre Kreise ziehen.

Auf dem sandigen Zufahrtsweg der Ferme Auberge steigen wir am Südhang des Kastelbergs, der in den Steilhang des Lac d'Altenweiher-Kars übergeht, stetig leicht bergan (blauer Balken). An Viehweiden entlang, auf denen im Frühjahr zahllose Narzissen blühen, und vorbei an der Linksabzweigung des mit dem blauen Balken markierten GR 531 erreichen wir die Kammhöhe und biegen wenige Meter nach einem kleinen Waldparkplatz rechts ab (rot-weiß-roter Balken). Alternative: Wer in der **Ferme Auberge Breitzhousen** einkehren möchte, bleibt auf dem zur Route des Crêtes hinunterführenden Fahrweg und folgt an der Ferme

Die Spitzköpfe sind der Aussicht wegen als Rastplatz beliebt.

Auberge einem unmarkierten Feldweg, der auf den Kastelberg zurückführt.

Kurzzeitig durch Wald, über den Skihang von Breitzhousen und über weitläufige Hochweiden führt unser Weg bequem am Westhang des Kastelbergs entlang und in den Col du Wormspel. Auf dem Weg, auf dem wir die Wanderung begonnen haben, kehren wir zur Route des Crêtes zurück.

Kreuzweg zum Schauenberg

Pfaffenheim – Wallfahrtskapelle Notre-Dame de Schauenberg –
Guebenschwihr – Pfaffenheim   Karte: G 16/17

21

leicht-
mittel

11 km

3½ Std.

290 m

Tourencharakter: Zu Beginn ein längerer Anstieg, bequem am bewaldeten Hang entlang; über Guebenschwihr und durch Weinberge zurück.
Beste Jahreszeit: April–Oktober.
Ausgangs-/Endpunkt: Pfaffenheim; kleiner Parkplatz in der Ortsmitte (Rathaus/Kirche).
Wanderkarte: TOP 25, 1:25 000, Blatt 3719 OT (Grand Ballon, Guebwiller, Munster).
Markierung: Von Pfaffenheim zur Wallfahrtskapelle blaues Kreuz; bis Maison Forestière St-Marc rote Raute; bis Guebenschwihr blaue Raute; bis Pfaffenheim keine Markierung.
Verkehrsanbindung: Von Colmar auf der N 83 in Richtung Mulhouse ca. 15 km bis Pfaffenheim.

Einkehr: In Pfaffenheim u. a. Hotel-Restaurant L'Arbre Vert; an der Wallfahrtskapelle einfache Pilgerherberge (mit Aussichtsterrasse); die auf halber Wegstrecke liegende Auberge St-Marc ist z. Zt. (Sommer 1999) geschlossen; in Guebenschwihr u. a. der Salon de thé Canoie und die Taverne Médiévale (mit Innenhof; Mo. und Di. geschlossen).
Unterkunft: In Pfaffenheim u. a. Hotel L'Arbre Vert, Tel. 03 89 49 62 98; in Guebenschwihr Hôtel garni Au Raisin, Tel. 03 89 49 32 47, und Hôtel du Vignoble, Tel. 03 89 49 22 22.
Tourist-Info: Office de Tourisme, 8, place de la République, F-68250 Rouffac, Tel. 03 89 78 53 15, Fax 03 89 49 75 30.

Vom Schauenberg blickt man über die Weinberge bis weit in die Elsässische Ebene.

Tausende von Pilgern ziehen jährlich hinauf zur Wallfahrtskapelle auf dem → **Schauenberg**, manche nach wie vor zu Fuß auf dem Kreuzweg, der vom ruhigen Winzerort Pfaffenheim hinaufführt. Herrlich ist der Ausblick von dieser am Hang gelegenen Stätte auf die Weinberge und Winzerdörfer der Umgebung.

Wegverlauf

Vom Ortszentrum in **Pfaffenheim** folgen wir der Ausschilderung »Schauenberg/Guebenschwihr« in der Rue du Schauenberg (blaues Kreuz) bis in eine Rechtskurve am Ortsrand und halten uns hier an einem Bildstock geradeaus. Ein breiter, geschotterter Kreuzweg mit Stationskreuzen aus dem 19. Jh. fuhrt zwischen Weinbergen maßig steil hangaufwarts, steigt im Wald stärker an und endet an der überraschend großen Wallfahrtskapelle **Notre-Dame de Schauenberg** (412 m).
Von der auf einem schmalen Absatz am steilen, bewaldeten Hang stehenden Kapelle bzw. von der Terrasse vor der Pilgerherberge reicht

der Blick über die Weinanbaugebiete der Vorbergzone, u. a. mit dem Städtchen → **Rouffach**, und über die Rheinebene bis zum Schwarzwald; im Norden sind → **Haut-Koenigsbourg** und → **Colmar** zu sehen, im Süden bei klarer Sicht die Alpen.

Nach wenigen Minuten gelangen wir an einen Parkplatz und folgen am gegenüberliegenden Waldrand einem Weg (rote Raute), der am steil abfallenden, stellenweise felsigen Hang zum Aussichtspunkt **Rocher du Coucou** (480 m; Kuckuckstein) hochführt. Von hier blicken wir hinab auf Gueberschwihr mit seinen Obstwiesen und ausgedehnten Weinbergen.

Der nun hangabwärts führende Weg mündet in einen Forstweg ein,

21

dem wir 100 m weit nach links folgen, scharf rechts abbiegen (rote Raute) und, vorbei an einem Schießstand, die in eine Gaststätte umgewandelte **Maison Forestière St-Marc** (431 m) erreichen.

Nach rechts überqueren wir die Straße Gueberschwihr–Osenbach und folgen einem Waldweg (blaue Raute) entlang des felsdurchsetzten Hangs, passieren mehrere kleine Steinbrüche und stoßen auf einen Forstweg, auf dem wir nach rechts (blaue Raute) absteigen. Wenige Minuten später verlassen wir den Wald, überqueren erneut die nach Osenbach führende Straße und steigen zwischen Obstwiesen und Weinbergen auf einem Sträßchen steil hinunter nach **Gueberschwihr**, einem ursprünglich wirkenden Winzerdorf.

Gleich nach den ersten Häusern wenden wir uns nach links in die enge, steil fallende Rue des Mouches und erreichen zwischen gepflegten Häuschen die querlaufende Rue Haute und den Place de la Mairie, einen weitläufigen Platz, wo mehrere Winzer in alten Winzerhöfen (17./18. Jh.) ihren Wein anbieten und wo der romanische Turm der **Kirche St-Pantaléon** das Bild bestimmt.

Romanisch ist nur noch der Turm der Kirche St-Pantaléon in Gueberschwihr.

Vom Place da la Mairie folgen wir der von weiteren Höfen gesäumten Rue Haute (gelbes Kreuz), biegen nach 100 m links in die Rue de la Fontaine ein (keine Markierung mehr bis Pfaffenheim) und halten uns nach 50 m rechts in die Rue Basse, auf der wir den Ort verlassen. Von dem nach Pfaffenheim führenden Sträßchen wenden wir uns kurz nach den letzten Häusern, 100 m nach einem Wegkreuz, nach links auf einen breiten Weinbergweg, der sich in leichtem Auf und Ab durch die Rebhänge nach **Pfaffenheim** windet.

Die schmale Rue du Vignoble führt zum kleinen Place Notre Dame mit blumengeschmückten Winzerhöfen. Hier wenden wir uns nach rechts in die Rue de la Lauch, passieren die oberhalb der Straße gelegene **Kirche St-Martin** – ursprünglich eine um 1200 erbaute, befestigte Kirche, von der jedoch nur noch Chor und Sakristei in den Bau der heutigen neugotischen Kirche miteinbezogen wurden – und kehren an unseren Ausgangspunkt zurück.

22 Auf den Petit Ballon

Col de Boenlesgrab – Petit Ballon – Ferme Auberge Kahlenwasen –
Ferme Auberge Strohberg – Col de Boenlesgrab   Karte: E/F 17

 mittel

 10 km

 3½ Std.

 480 m

Tourencharakter: Ein langer, strecken-weise steiler und ein kürzerer Anstieg; vorwiegend über Hochweiden.
Beste Jahreszeit: Mitte Mai–Oktober.
Ausgangs-/Endpunkt: Großer Wald-parkplatz im Col de Boenlesgrab.
Wanderkarte: TOP 25, 1:25 000, Blatt 3719 OT (Grand Ballon, Guebwiller, Munster).
Markierung: Vom Col de Boenlesgrab zum Petit Ballon gelber Balken; Ab-stieg zum Parkplatz ohne Markierung, anschließend bis Straßengabelung kurz vor Ferme Auberge Buchwald rotes Schrägkreuz; zurück zu Col de Boenlesgrab roter Punkt.
Verkehrsanbindung: Von Mulhouse auf der D 430 im Lauch-Tal (Florival) über Guebwiller und Buhl nach Lau-tenbach; 1 km nach Ortsende rechts

abbiegen und auf schmaler Straße 6 km zum Col de Boenlesgrab.
Einkehr: Am Ausgangspunkt Auberge du Boenlesgrab (ganzjährig geöffnet); Ferme Auberge Kahlenwasen (Mitte April–Mitte Nov., Mi. geschlossen); Ferme Auberge Buchwald (Mitte Mai–Mitte Okt.); Ferme Auberge Strohberg (Mitte Mai–Mitte Okt.).
Unterkunft: Am Wanderweg die Ju-gendherberge Schellimatt (geöffnet an Wochenenden und während der Schulferien), Tel. 03 89 74 26 81; Ferme Auberge Kahlenwasen, Tel. 03 89 77 32 49 oder 03 89 77 68 33; nächstgelegenes Hotel: in Lautenbach Hotel Les Tilleuls, Tel. 03 89 76 32 03.
Tourist-Info: Office de Tourisme, Hôtel de Ville, F-68500 Guebwiller, Tel. 03 89 76 10 63, Fax 03 89 76 52 72.

Schwarz-weiß und stämmig sind die Voge-senrinder, die zwischen Mai und Oktober auf den Hoch-weiden anzu-treffen sind.

Kahl ist der sanft gerundete Petit Ballon, der vor dem eigentlichen Vo-gesenkamm liegt und einen herrlichen Rundblick auf die höchsten Vogesenberge bietet.

Wegverlauf

Am Parkplatz im Col de Boenlesgrab (865 m) folgen wir, von der Zu-fahrtsstraße her gesehen, dem ersten Weg links und nach wenigen

Metern dem an einer Weggabelung rechts steil ansteigenden Waldweg (gelber Balken). Der Hang des Petit-Ballon-Ausläufers wird zuneh-mend steiler, und in Kehren führt der Weg auf die Scheitelhöhe zur **Jugendherberge Schelli-matt**. In leichterem Anstieg verlassen wir den Wald und überqueren eine Viehweide, folgen einem querlaufenden Wiesenweg nach rechts und steigen in einem weiten Bogen zum Gipfel des **Petit Ballon** (1272 m; deutsch: Kleiner Belchen) hoch.

Von der Gipfelhochfläche mit Überresten aus dem Ersten Weltkrieg – verfüllte Laufgräben und eingeebnete Wälle –, einer Marienstatue und einer Sendeanlage bietet sich ein herrlicher Rundblick.

Entlang eines Zauns und eines Laufgrabens (keine Markierung) steigen wir recht steil ab zu einem Parkplatz an der Straße Luttenbach-près-Munster–Sondernach. Wir überqueren den Parkplatz und folgen einem rechts abzweigenden Wiesenweg (rotes Schrägkreuz) hinunter zur **Ferme Auberge Kahlenwasen** (1180 m).

Ein oberhalb der Straße verlaufender Weg mündet in die Straße ein, auf der wir zum Waldrand gelangen und einem rechts abzweigenden Sträßchen (roter Punkt) zur **Ferme Auberge Buchwald** (1015 m) folgen.

Wenige Meter hinter der Ferme Auberge gabelt sich der Weg. Geradeaus (rotes Schrägkreuz) steigen wir über Viehweiden recht steil an, passieren einige aus dem Ersten Weltkrieg stammende Unterstände und halten uns an einer Wegkreuzung geradeaus (roter Punkt) zur **Ferme Auberge Strohberg** (1083 m).

Auf einem nach links hangabwärts führenden Wirtschaftsweg (roter Punkt) kehren wir über die Strohberg-Viehweiden, kurzzeitig durch Wald und über die Viehweiden von Brudermatt bequem in den Col de Boenlesgrab zurück.

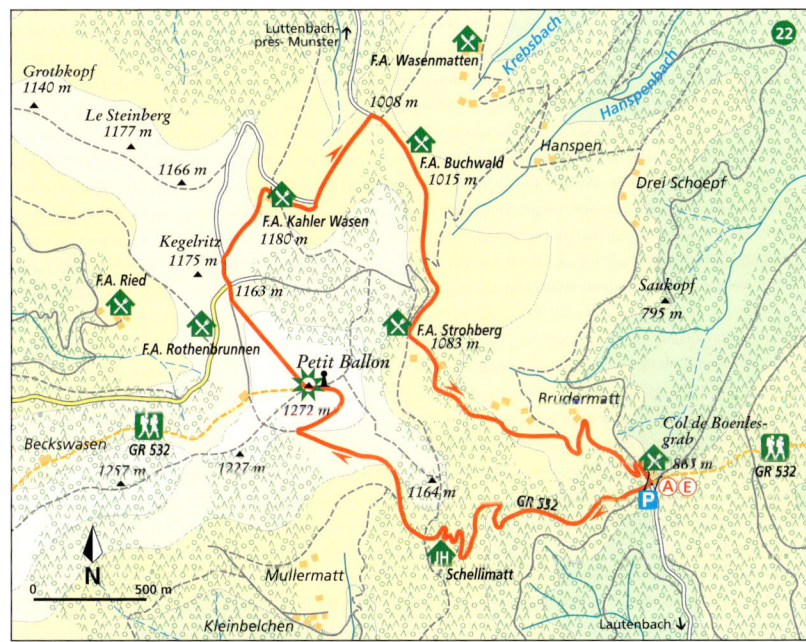

23 Im Revier des Auerhahns am Klintzkopf

Col du Platzerwasel – Lauchenkopf – Klintzkopf – Ferme Auberge
Salzbach – Ferme Auberge Uff Rain – Col du Platzerwasel   Karte: E17

leicht–
mittel

10 km

3–3½
Std.

330 m

Der Col d'Oberlauchen ist nur einer der zahlreichen Aussichtspunkte am Weg.

Tourencharakter: Mehrere kurze, mäßig steile Anstiege; überwiegend durch Wald. Achtung: Der Klintzkopf ist Brutgebiet des Auerhahns, daher (überwachtes) Zutrittsverbot 15. Dez.–15.Juli!
Beste Jahreszeit: Mai–Oktober; nach strengem Winter noch im Juni Schnee.
Ausgangs-/Endpunkt: Waldparkplatz im Col du Platzerwasel.
Wanderkarte: TOP 25, 1:25 000, Blatt 3619 OT (Bussang, La Bresse, Ballon d'Alsace).
Markierung: Bis Col d'Oberlauchen blauer Punkt, die letzten 800 m blaues Kreuz; auf den Klintzkopf gelber Balken; vom Col d'Oberlauchen zur Straße u.a. blauer Punkt; zur Ferme Auberge

Salzbach keine Markierung; bis Col du Platzerwasel rot-weiß-roter Balken.
Verkehrsanbindung: Von Colmar auf der D417 bis Munster, im Stadtzentrum links auf die D10; in Metzeral erneut nach links auf die D27 in Richtung Route des Crêtes, durch Sondernach und ca.10 km zum Col du Platzerwasel.
Einkehr: Ferme Auberge Salzbach und Ferme Auberge Uff Rain (beide Anfang Juni–Mitte Okt.).
Unterkunft: Nächstgelegenes Hotel in Le Markstein: Hotel Wolf, Tel. 03 89 82 64 36.
Tourist-Info: Office de Tourisme, Hôtel de Ville, F-68500 Guebwiller, Tel. 03 89 76 10 63, Fax 03 89 76 52 72.

Die Tour führt uns u.a. zum Klintzkopf, einem Aussichtsgipfel, an dessen Hängen noch einige der scheuen Auerhühner brüten. Da dieser 60–85 cm große Bodenbrüter gefährdet ist, darf das Gebiet zwischen dem 15. Dez. und dem 15. Juli nicht betreten werden.

Wegverlauf

Am Parkplatz im Col du Platzerwasel (1182 m) überqueren wir die Straße Sondernach–Le Markstein und steigen (blauer Punkt) auf den **Nonselkopf** (1257 m).
Auf der Scheitelhöhe des Bergrückens und entlang der bewaldeten Hangkante des Vallée de Sondernach gelangen wir auf den **Lauchenkopf** (1314 m) und folgen einem Waldweg in einem weiten Bogen hinunter in den **Col d'Oberlauchen** (1211 m). Bei den Gräben und Vertiefungen neben dem Weg handelt es sich um verfüllte Laufgräben und Unterstände aus dem Ersten Weltkrieg. Wenn wir im Frühjahr unterwegs sind, wenden wir uns im Sattel scharf nach rechts auf einen Forstweg (blauer Punkt), denn dann ist der Anstieg zum Klintzkopf wegen der Auerhühner nicht erlaubt.
Im Hochsommer oder Herbst setzen wir unsere Wanderung fort und steigen (gelber Balken) recht steil hoch zum Gipfelplateau des **Klintzkopfs** (1330 m), der einen herrlichen Ausblick bietet.

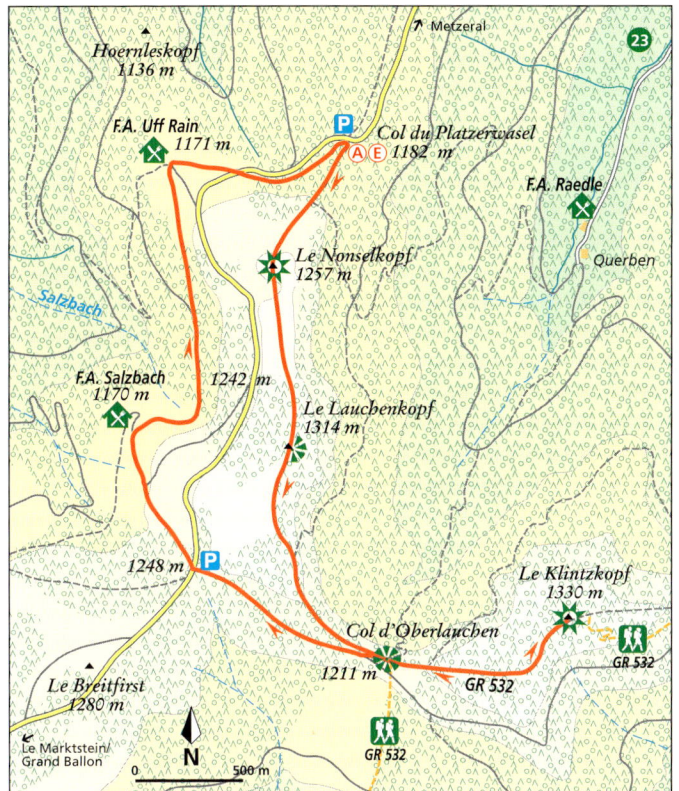

Auf dem gleichen Weg kehren wir in den **Col d'Oberlauchen** zurück und folgen halb links einem Forstweg (blauer Punkt), der zur Straße Le Markstein–Sondernach führt. Schräg nach rechts überqueren wir die Straße (keine Markierung) und steigen hinunter zur **Ferme Auberge Salzbach** (1160 m).

Auf dem Fahrweg kehren wir 100 m zurück und folgen nach links (rot-weiß-roter Balken) einem Wirtschaftsweg, der in den Wald und hangabwärts führt. An einer Wegkreuzung halten wir uns rechts, verlassen den Wald und gelangen zur **Ferme Auberge Uff Rain** (1071 m).

Auf dem Zufahrtsweg (rot-weiß-roter Balken) erreichen wir die Straße, folgen ihr nach links und biegen rechts ab auf einen Waldweg, der nochmals kurz ansteigt und zum Col du Platzerwasel führt.

24 Auf den Grand Ventron

Col d'Oderen – Sattel Les Wintergés – Tête du Chat Sauvage – Petit Ventron
– Grand Ventron (1204 m) – Tête de Felsach – Col d'Oderen   Karte: D 17

an-spruchs-voll

14 km

4³/₄–5 Std.

660 m

Tourencharakter: Mehrere zumeist kurze, streckenweise steile Anstiege; überwiegend durch Wald; mehrere Aussichtspunkte.
Beste Jahreszeit: Mai–Oktober.
Ausgangs-/Endpunkt: Parkplatz im Col d'Oderen.
Wanderkarte: TOP 25, 1:25 000, Blatt 3619 OT (Bussang, La Bresse, Ballon d'Alsace).
Markierung: Vom Col d'Oderen zum Sattel Les Wintergés blau-weiß-blauer Balken; bis Grand Ventron blauer Balken; ausgeschilderter Abstieg zu Auberge Chaume du Grand Ventron; Anstieg zur Kammhöhe blau-weiß-blauer Balken; Rückweg zum Col d'Oderen blauer Balken.
Verkehrsanbindung: Von Mulhouse auf der N 66 im Vallée de la Thur über

Thann nach Fellering-Wesserling; rechts abbiegen auf die D 13 bis und über Fellering nach Kruth; im Ort links abbiegen auf die D 13 bI zum Col d'Oderen.
Einkehr: Unterhalb des Grand Ventron-Gipfels die Auberge Chaume du Grand Ventron (Mitte Nov.–Ende Dez. geschlossen); Ferme Auberge Felsach (Abstecher hin und zurück 10 Min.; Anfang Mai–Anfang Nov.).
Unterkunft: Auberge Chaume du Grand Ventron (Zimmer und Schlafsaal), Tel. 03 29 25 52 53; Ferme Auberge du Felsach (2 Schlafräume), Tel. 03 89 82 77 71; am Anfahrtsweg in Kruth Auberge de France, Tel. 03 89 82 28 02.
Tourist-Info: Office de Tourisme, 70, avenue Charles de Gaulle, F-68550 St-Amarin, Tel. 03 89 82 60 01.

Die Ferme Auberge Felsach ist eine beliebte Einkehrmöglichkeit beim Abstieg.

Mit 1204 m Höhe ist der Grand Ventron einer der höheren Vogesengipfel und bietet deshalb von seiner kahlen Bergkuppe einen weiten Rundblick.

Wegverlauf

Vom großen Parkplatz im Col d'Oderen (884 m) folgen wir der Straße nach links in Richtung Ventron/Cornimont und biegen nach 50 m an

einem Denkmal zur Befreiung von Ventron im Jahr 1944 rechts ab (blau-weiß-blauer Balken). Ein Waldweg führt am Hang des Höhenrückens Haut de Felsach (1161 m) zunächst steil bergauf und mündet in einen Forstweg ein, dem wir nach links folgen. Wenig später halten wir uns an einer Weggabelung rechts auf einen abgeschrankten

Forstweg und gelangen in nun leichterem Anstieg auf die Scheitelhöhe des Ventron-Massivs zur Viehweide **Chaume des Wintergés** und zu einer Schutzhütte im Sattel Les Wintergés (1049 m).

Nach links (blauer Balken) folgen wir dem ansteigenden »Sentier de la Crête«, passieren die Wintergés-Hochweide und steigen recht steil hoch zu einem Aussichtspunkt an der hier felsigen Hangkante – Blick über das → **Vallée de la Thur** – und vollends auf die Höhe des **Tête du Chat Sauvage** (1153 m; deutsch: Wilder Katzenkopf). Hier stoßen wir auf eine verfallene Mauer – sie stellte von Mai 1871 bis August 1914, dann nochmals zwischen Juni 1940 und November 1944 die Grenzlinie zwischen Deutschland und Frankreich dar, also zwischen dem Elsaß und Lothringen –, die sich auf dem Kamm über die gesamte Länge des Ventron-Massivs hinzieht.

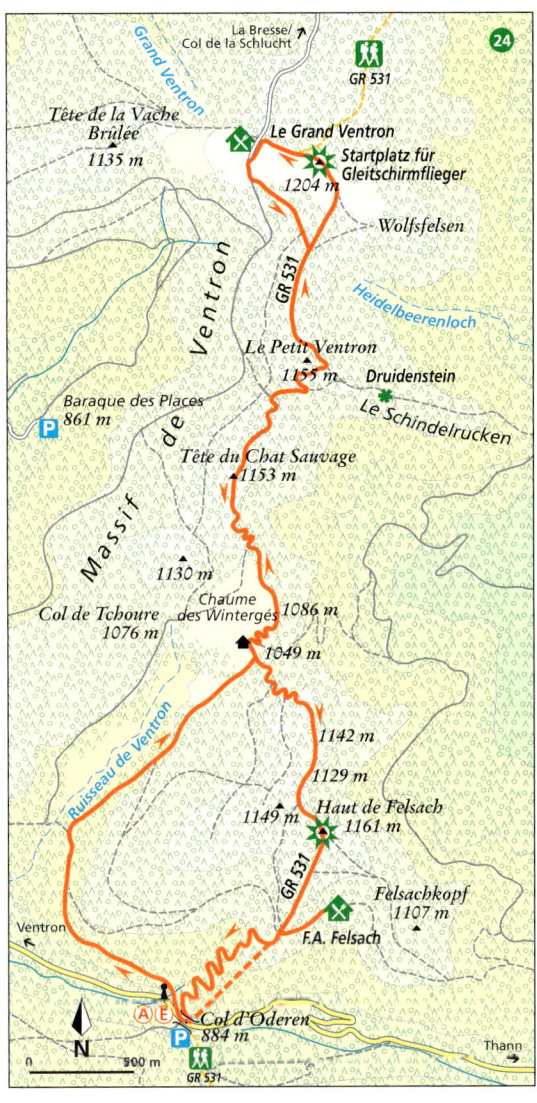

Aus einem niederen Sattel führt der Weg in zwei langen Kehren auf den **Petit Ventron** (1155 m), über eine Lichtung in einem flachen Sattel und mäßig steil hoch zum Gipfelplateau des **Grand Ventron** (1204 m). Tief unter uns ist der blau schimmernde, im Vallée de la

24

Thur aufgestaute Lac de Kruth-Wildenstein zu sehen, dahinter erstreckt sich der Vogesenkamm mit dem Grand Ballon (→ **Wanderung 26**), dem höchsten Vogesengipfel, und Le Hohneck (→ **Wanderungen 19 und 20**), im Süden sind bei klarer Sicht die Schweizer Alpen zu sehen.

Nach links steigen wir auf einem ausgeschilderten Weg in wenigen Minuten zur **Auberge Chaume du Grand Ventron** (1150 m) hinunter, folgen einem Fahrweg nach links zum Waldrand und einem hier links

abzweigenden Waldweg (blauweiß-blauer Balken) in den uns schon bekannten Sattel zwischen Grand und Petit Ventron.

Auf dem »**Sentier de la Crête**« kehren wir über den Petit Ventron und den Tête du Chat Sauvage in den Sattel Les Wintergés zurück und steigen in Kehren auf den Höhenrücken **Haut de Felsach** hinauf. Entlang der alten Grenzmauer gelangen wir über eine erste Erhebung (1142 m) auf den höchsten Punkt (1161 m), von dem aus wir nochmals einen umfassenden Ausblick auf die südlichen Vogesen genießen.

Nach rechts steigen wir entlang des Waldrands über die Viehweide der Ferme Auberge Felsach, vorbei an mächtigen Weidbuchen, recht steil ab und kreuzen an einem Wald-

Lichter Wald bedeckt in den Vogesen die Hänge bis in etwa 1100–1200 m Höhe. parkplatz den Zufahrtsweg der Ferme Auberge – ein Abstecher nach links zur urigen, in herrlicher Aussichtslage am Südhang von Haut Felsach gebauten **Ferme Auberge Felsach** dauert 5 Minuten. Steil hangabwärts führt der Waldweg (blauer Balken) zu einer Weggabelung: Auf dem rechts weiterführenden »Normalweg« (blauer Balken) steigen wir in zahlreichen Kehren bequem ab, während der geradeaus führende **Sentier touristique des Douaniers** (blau-weiß-blauer Balken) schnurgerade entlang der einstigen Grenzmauer steil hinunter in den Col d'Oderen führt.

Grenzgang zum Petit Drumont

Col de Bussang – Petit Drumont (1200 m) – Ferme Auberge
du Drumont – Ferme Auberge Gustiberg – Col de Bussang   Karte: C/D 18

an-
spruchs-
voll

9,5 km

3 Std.

560 m

Tourencharakter: Langer, steiler An-stieg zum Gipfel und streckenweise steiler Abstieg; überwiegend durch Wald; am Ende der Tour 1,5 km auf Sträßchen.
Beste Jahreszeit: Mai–Oktober.
Ausgangs-/Endpunkt: Picknickplatz mit Parkmöglichkeit gegenüber einem Steinbruch, knapp 1 km vor dem Col de Bussang.
Wanderkarte: TOP 25, 1:25000, Blatt 3619 OT (Bussang, La Bresse, Ballon d'Alsace).
Markierung: Vom Picknickplatz zum GR531 keine Markierung; zum Petit Drumont blauer Balken; von Ferme Auberge du Drumont zur Kammhöhe blauer Balken; bis Ferme Auberge Gustiberg blaues Dreieck; zurück zum Ausgangspunkt im Col de Bussang gel-

bes Dreieck.
Verkehrsanbindung: Von Mulhouse auf der N66 im Vallée de la Thur über Thann und Fellering bis wenige hun-dert Meter vor den Col de Bussang.
Einkehr: Kurz vor der Paßhöhe Hotel-Restaurant Col de Bussang; Ferme Auberge du Drumont (ganzjährig, Di. geschlossen); Ferme Auberge Gustiberg (1.Juni–15.Okt. tägl. außer Mo., Ostern 1.Juni und 15.Okt.–Mitte Nov. nur sonn- und feiertags).
Unterkunft: Kurz vor der Paßhöhe Hotel-Restaurant Col de Bussang, Tel. 0329615004.
Tourist-Info: Office de Tourisme, 70, avenue Charles de Gaulle, F-68550 St-Amarin, Tel. 0389826001.

Auf die sanft auslaufenden Vogesen auf der lothringischen Seite blickt man vom Petit Drumont, der sich direkt an der elsässisch-lothringischen Grenze erhebt und zu dem man vom Col de Bussang hinaufsteigt, einem alten Vogesenübergang, der heutzutage sehr stark befahren ist.

Auch im Sommer muß man sich bei Wanderungen in den Hochvogesen auf Regen und Wolken einstellen.

25

Wegverlauf

Vom Rastplatz an der Paßstraße Urbès–Bussang steigen wir auf einem breiten Waldweg (keine Markierung) am Hang des Tête des Allemands (1014 m) in Richtung Paßhöhe/Bussang wenige hundert Meter weit an und folgen dem querlaufenden Fernwanderweg GR 531 (blauer Balken) nach rechts hinunter in den **Col de Bussang** (731 m). Auf einer Metalleiter steigen wir über die gemauerte Straßenböschung auf die Paßstraße hinunter (Vorsicht: Die Leiter ist nur durch einen schmalen Randstreifen von der Straße getrennt!) und überqueren die stark befahrene Straße. Der Abstecher zur **Moselquelle** – auf der Straße 300 m weit nach links – ist wegen des starken Verkehrs nicht zu empfehlen.

Am bewaldeten Hang des Tête des Russiers (auch: Steinkopf; 1187 m) führt unser Weg (blauer Balken) steil bergauf zur schmalen Zufahrtsstraße der Ferme Auberge du Drumont. Wir folgen ihr nach rechts, biegen nach 250 m erneut rechts ab und erreichen auf dem schattigen **Sentier des Russiers** (blauer Balken) nach einem steilen, etwa 45minütigen Anstieg einen Sattel (1185 m) zwischen dem Tête des Russiers und dem Petit Drumont.

Nach links gelangen wir auf der Kammhöhe entlang einer überwachsenen Mauer – zwischen 1871 und 1914, dann nochmals zwischen

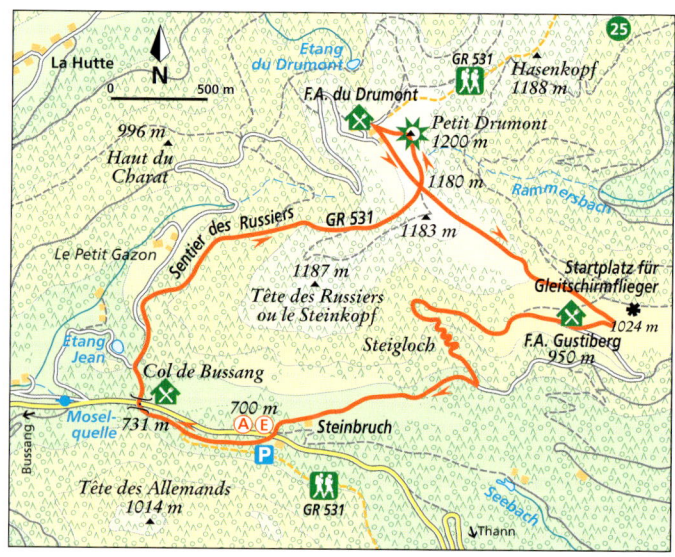

Nicht nur Wanderer kehren in den Fermes Auberges wie Gustiberg gerne ein: Diese Berggasthöfe sind häufig auch auf einem rauhen Weg mit dem Auto erreichbar.

1940 und 1944 stellte diese Mauer die Grenze zwischen Deutschland und Frankreich dar – über eine Hochweide bequem auf den Gipfel des **Petit Drumont** (1200 m). Dieser Gipfel wird als Petit Drumont bezeichnet, um ihn von dem sich 1,5 km weiter nordöstlich erhebenden Tête de Fellering (1223 m) zu unterscheiden, der auch als Grand Drumont bekannt ist.

Der Rundblick umfaßt u. a. die Vogesengipfel Le Hohneck (→ **Wanderungen 19 und 20**), Grand Ballon (→ **Wanderung 26**) und Ballon d'Alsace (→ **Wanderung 30**), das → **Vallée de la Thur** und das Tal der jungen Mosel.

Ein steil fallender Pfad führt zu der unterhalb des Gipfels gelegenen **Ferme Auberge du Drumont** hinunter, und nach links (blauer Balken) kehren wir in den uns schon bekannten Sattel (1185 m) auf der Kammhöhe zurück. Geradeaus durch ein Zauntor (blaues Kreuz) und am Nordosthang des Tête des Russiers hangabwärts über eine Viehweide erreichen wir eine Weggabelung in einem niederen Sattel. Nach rechts (blaues Dreieck) steigen wir in einer Kehre zu der am steilen Südosthang des Tête des Russiers gelegenen **Ferme Auberge Gustiberg** (950 m) hinunter.

Am Parkplatz der Ferme Auberge folgen wir einem Pfad (gelbes Dreieck), der zunächst leicht ansteigt und anschließend im Wald bequem hangabwärts führt, zu einer Weggabelung. Wir halten uns links (gelbes Dreieck) und steigen auf einem abschüssigen, streckenweise rutschigen Weg zur Gustiberg Zufahrtsstraße hinunter. Auf der Straße, die am erodierten Steilhang unterhalb ausgedehnter Geröllflächen verläuft, kehren wir an unseren Ausgangspunkt zurück.

26 Über den Grand Ballon

Route des Crêtes – Grand Ballon – Lac du Ballon – Ferme Auberge Gustiberg – Ferme Auberge Roedelen – Route des Crêtes   Karte: E 17/18

 mittel

 9 km

 3 Std.

 470 m

Tourencharakter: Streckenweise steiler Abstieg zum Lac du Ballon und langer Anstieg zum Grand Ballon, je zur Hälfte über Viehweiden und durch Wald; herrlicher Rundblick.
Beste Jahreszeit: Ende Mai–Oktober; nach strengem Winter liegt noch im Juni Schnee.
Ausgangs-/Endpunkt: Parkplatz beim Restaurant »Vue des Alpes« an der Route des Crêtes.
Wanderkarte: TOP 25, 1:25 000, Blatt 3719 OT (Grand Ballon, Guebwiller, Munster).
Markierung: Über den Grand Ballon zur Ferme Auberge le Haag roter Balken; zum Lac du Ballon kurzzeitig gelber Balken, dann rot-weiß-roter Balken; bis Ferme Auberge Gustiberg blaues

Kreuz; Anstieg zur Route des Crêtes rot-weiß-roter Balken.
Verkehrsanbindung: Von Mulhouse auf der N 66 über Thann nach Willer-sur-Thur, rechts abbiegen und auf der D 13 b VI zur Route des Crêtes; ihr nach links folgen zum Grand Ballon.
Einkehr: Hotel-Restaurant Grand Ballon; Café-Restaurant Vue des Alpes; Ferme Auberge du Haag (Anfang April–Anfang Nov.); Ferme Auberge Gustiberg (Mitte Febr.–Mitte Dez., Di. geschlossen); Ferme Auberge Roedelen (Ende Juni–Mitte Okt.).
Unterkunft: Chalet Hôtel du Grand Ballon, Tel. 03 89 48 77 99.
Tourist-Info: Office de Tourisme, Hôtel de Ville, F-68500 Guebwiller. Tel. 03 89 76 10 63, Fax 03 89 76 52 72.

Ein einsames Gipfelerlebnis bietet der Grand Ballon nicht, ist er doch, von der → **Route des Crêtes** aus, ein vielbesuchtes Ziel.

Unterhalb des Grand Ballon schimmert der einsam gelegene Lac du Ballon.

Wegverlauf

Am Parkplatz beim Café-Restaurant Vue des Alpes an der → **Route des Crêtes** überqueren wir die Straße und steigen nach links (roter Balken) am Hang des **Grand Ballon** (deutsch: Großer Belchen) an zum Ehrenmonument der als »Diables Bleus« (Blaue Teufel) bezeichneten Gebirgsjäger und zur futuristischen Radarstation auf der Gipfelhochfläche (1424 m). Von dem mit zahlreichen Orientierungstafeln versehenen Umlauf an der Radarstation bietet sich ein phantastischer Rundblick.

Wir kehren zum Monument der »Diables Bleus« zurück, wenden uns am tiefer stehenden Monument »Redslob« nach rechts und steigen zur **Ferme Auberge du Haag** ab. Hier überqueren wir die Route des Crêtes und folgen einem Waldweg (gelber Balken) bergab. Nach wenigen hundert Metern biegen wir rechts ab (rot-weiß-roter Balken) und steigen in Kehren hinunter zum Westufer des aufgestauten **Lac du Ballon** (986 m).

Nach links folgen wir einem breiten Fahrweg und wenden uns am Nordufer nach rechts über einen Parkplatz, überqueren die kurze Staumauer und halten uns hier an einer Weggabelung an den mit dem blauen Kreuz markierten Weg, der in den Zufahrtsweg der **Ferme Auberge Gustiberg** (978 m) einmündet.

Hinter der Ferme Auberge verlassen wir den Fahrweg nach rechts (rot-weiß-roter Balken), steigen recht steil an und erreichen über Bergwiesen die **Ferme Auberge Roedelen** (1180 m).

Hier folgen wir einem über die Bergwiese ansteigenden Weg (rot-weiß-roter Balken), kreuzen die Roedelen-Zufahrt und erreichen die Route des Crêtes, die uns zu unserem Ausgangspunkt bringt.

27 Zur Ferme Auberge Freundstein

Col du Silberloch – Hartmannswillerkopf – Ferme Auberge Freundstein –
Ferme Auberge Molkenrain – Col du Silberloch   Karte: E/F 18

 mittel

 13 km

 3¾– 4 Std.

 ca. 500 m

Tourencharakter: Zwei mäßig steile Anstiege, ein sehr steiler Abstieg; überwiegend im Wald; Soldatenfriedhof und Gefechtsstellungen des 1. Weltkriegs am Weg; zwei Fermes Auberges.
Beste Jahreszeit: Mai–Oktober.
Ausgangs-/Endpunkt: Parkplatz am Soldatenfriedhof im Col du Silberloch.
Wanderkarte: TOP 25, 1:25000, Blatt 3620 OT (Thann, Masevaux, Ballon d'Alsace).
Markierung: Vom Col du Silberloch zu Kreuz auf Festungsfelsen rot-weiß-roter Balken, dann Ausschilderung »Monument 152e R.I.«; zu Gipfelkreuz auf Hartmannswillerkopf rot-weiß-roter Balken; Abstieg zu Roche Sermet roter Kreis, zu Roche Mégard blauer Kreis und über Roche Fendue zu Camp Foray blauer Punkt; Forstweg auf 1,5 km Länge ohne Markierung, dann gelegentlich roter Punkt und auf den letzten 500 m zum Vogesenkamm

grünes Dreieck; bis Ferme Auberge Molkenrain rot-weiß-roter Balken; bis Col du Silberloch roter Balken.
Verkehrsanbindung: Von Mulhouse auf der N66 in Richtung Thann/Épinal und nach ca. 10 km rechts abbiegen nach Cernay; durch Cernay, im benachbarten Uffholtz links abbiegen auf die D431 (Route des Crêtes) und ca. 12 km zum Col du Silberloch.
Einkehr: Am Ausgangspunkt Auberge du Silberloch; Ferme Auberge Freundstein (ganzjährig geöffnet); Ferme Auberge Molkenrain (Ostern–Ende Okt., Mo. geschlossen).
Unterkunft: Ferme Auberge Molkenrain (2 Schlafräume), Tel. 0389811766; am Anfahrtsweg in Uffholtz die Auberge du Relais, Tel. 0389755619.
Tourist-Info: Office de Tourisme de Cernay et de la Région du Vieil Armand, 1, rue Latouche, F-68700 Cernay, Tel. 0389755035, Fax 0389754924.

Typisch für die Hochvogesen: Bergweiden und Bergbauernhöfe.

Einfach nur ein Aussichtspunkt war der → **Hartmannswillerkopf** vor 1915, eine in die Ebene hinausragende felsige Erhebung mit Blick auf die Elsässische Ebene und die Großstadt → **Mulhouse**. Ein Ort des nationalen Gedenkens ist er heute, nachdem hier im Ersten Weltkrieg Tausende von französischen und deutschen Soldaten ihr Leben ließen. Aus zwei Abschnitten besteht deshalb diese Wanderung, wie sie gegensätzlicher kaum sein können: über den Hartmannswillerkopf, der in bedrückender Weise an den Ersten Weltkrieg erinnert, anschließend durch eine für die Vogesen typische Landschaft mit bewaldeten Höhenzügen und Bergwiesen, auf denen friedlich Rinder weiden.

Wegverlauf

Am Parkplatz, der im Col du Silberloch (906 m) entlang der Vogesenkammstraße, der → **Route des Crêtes**, angelegt wurde, betreten wir den französischen Soldatenfriedhof, in dessen Krypta eine Gedenkstätte für die hier am **Hartmannswillerkopf** gefallenen französischen Soldaten

eingerichtet wurde. Zwischen den Gräbern gehen wir über den Friedhof, folgen einem breiten Fußweg (rot-weiß-roter Balken) hangaufwärts und halten uns an einer Wegkreuzung geradeaus.

Beiderseits des Wegs fallen verfüllte und überwachsene Laufgräben, Unterstände, Betonteile mit Armierungseisen und Reste von Drahtverhauen auf – Überreste aus dem Ersten Weltkrieg, als der Hartmannswillerkopf (Vieil Armand) auf Grund seiner beherrschenden Lage am Rand der Rheinebene als strategisch bedeutsam angesehen und erbittert umkämpft wurde. Der gesamte Höhenzug einschließlich der steilen Hänge wurde von Laufgräben durchzogen, die Felsen wurden ausgehöhlt und in Bunker und Gefechtsstände umgewandelt. Mittlerweile wurden auf der Scheitelhöhe einige Gefechtsstellungen freigelegt, wurden Munitionsreste bzw. Blindgänger entfernt, während die Hänge teilweise nur oberflächlich geräumt wurden. Daher die Empfehlung: Auf den markierten Wegen bleiben!

Wenige Minuten nach der Wegkreuzung biegen wir rechts auf einen ausgetretenen Pfad ab (Ausschilderung: »Monument 152 e R.I.«), der am Südhang des Hartmannswillerkopfs zur Scheitelhöhe ansteigt und nach rechts zu einem **Kreuz** führt. In der unmittelbaren Umgebung des auf einem Felssporn errichteten Kreuzes – Ausblick auf die Rheinebene, den Schwarzwald und die Schweizer Alpen – wird deutlich, wie nahe sich die Kriegsgegner gegenüberlagen: auf der Höhe des

27

Bergrückens die französischen, am Bergsporn in 20 m Entfernung die deutschen Einheiten.

Auf der Scheitelhöhe kehren wir zurück und steigen zum Gipfel des **Hartmannswillerkopfs** (956 m) hoch, wo ein riesiges beleuchtbares Kreuz (croix lumineuse) aufgestellt wurde.

Geradeaus (roter Kreis) windet sich ein Pfad durch den urigen Wald am Nordhang steil bergab und führt, vorbei an dem zu einer Stellung ausgebauten **Roche Sermet**, hinunter (blauer Kreis) zum Gefechtsstand am **Roche Mégard**. Hier halten wir uns an einer Weggabelung geradeaus (blauer Punkt) und steigen in Kehren weiter steil ab zu den wenigen Überresten des ehemaligen Versorgungslagers **Camp Forey**. Wenig später passieren wir eine Stellung am **Roche Fendue** und stoßen auf einen breiten, grasbewachsenen Weg.

Geradeaus folgen wir diesem Weg (zunächst keine Markierung, spä-

ter gelegentlich roter Punkt) – vermutlich handelt es sich um den einstigen Versorgungsweg des Camp Foray – in zahlreichen Windungen bequem am Hang entlang. Unser Weg geht in einen regulären Forstweg über, und schließlich erreichen wir eine Forstwegkreuzung. Der geradeaus recht steil ansteigende Weg führt zu einer Weggabelung, und auf dem rechts ansteigenden Weg (grünes Dreieck) gelangen wir

Kuhglocken, zweckentfremdet als Dekoration in der Ferme Auberge Freundstein.

schließlich auf den Vogesenkamm (859 m), wo sich rechter Hand der Grand Ballon (→ **Wanderung 26**) erhebt.

Nach links (rot-weiß-roter Balken) steigen wir am Rand einer Bergweide zur Route des Crêtes hoch und folgen der Straße zur **Ferme Auberge Freundstein** (903 m).

Hinter dem Gehöft gabelt sich der Weg. Der nach links (rot-weiß-roter Balken) am Hang des Riesenkopfs ansteigende Weg führt kurz durch Wald und über die zur Ferme Auberge Molkenrain gehörigen Viehweiden auf die Scheitelhöhe des Bergrückens. Mit Blick auf den Hartmannswillerkopf, die Rheinebene und den Schwarzwald steigen wir zur **Ferme Auberge Molkenrain** (1045 m) ab.

Auf dem Ferme-Auberge-Zufahrtsweg, nach 300 m geradeaus über einen Parkplatz (roter Balken) und auf einem Wiesen-, anschließend Waldweg kehren wir bequem in den Col du Silberloch zurück.

Auf der Rückfahrt nach Mulhouse lohnt ein Abstecher in das nördlich der Stadt bei Bollwiller/Pulversheim gelegene → **Écomusée**.

Über dem Vallée de la Thur

Col du Hundsrück – Vogelsteine – Ferme Auberge Gsang –
Ferme Auberge Rossberg – Col du Hundsrück   Karte: D/E 19

28

 mittel

 13 km

 3¾–
4 Std.

 470 m

Tourencharakter: Langer, mäßig steiler Anstieg auf den Höhenrücken, der das Thurtal vom Dollertal trennt; ebensolcher Abstieg; je zur Hälfte durch Wald und über Bergweiden; drei Fermes Auberges am Weg.
Beste Jahreszeit: Mai–Oktober.
Ausgangs-/Endpunkt: Parkplatz im Col du Hundsrück.
Wanderkarte: TOP 25, 1:25 000, Blatt 3620 ET (Thann, Masevaux, Ballon d'Alsace).
Markierung: Zu den Vogelsteinen roter Balken; zur Ferme Auberge Gsang blaues Dreieck; über die Fermes Auberges Rossberg und Thanner-Hubel zum GR 5 rotes Dreieck; zum Col du Hundsrück roter Balken.
Verkehrsanbindung: Von Mulhouse auf der N 66 im Vallée de la Thur über

Thann nach Bitschwiller-lès-Thann; im Ort links abbiegen in Richtung Masevaux und auf schmaler Straße (Route Joffre) zum Col du Hundsrück.
Einkehr: Im Col du Hundsrück die Auberge de la Fourmi; Ferme Auberge Gsang (ganzjährig geöffnet); Ferme Auberge Rossberg (Mitte Mai–Mitte Okt., nur sonn- und feiertags); Ferme Auberge Thanner-Hubel (Ende Mai–Anfang Okt. täglich, ansonsten nur So.).
Unterkunft: Ferme Auberge Gsang (Schlafraum für 15 Personen), Tel. 03 89 38 96 85; Ferme Auberge Thanner-Hubel (Schlafsaal), Tel. 03 89 82 41 83; am Anfahrtsweg in Thann u. a. Hôtel du Parc, Tel. 03 89 37 56 23.
Tourist-Info: Office de Tourisme, 6, place Joffre, F-68800 Thann, Tel. 03 89 37 56 23.

Eine überaus lohnende, für die Hochvogesen ganz typische Tour, die, hat man den Anstieg durch Wald hinter sich, über Hochweiden auf sanft gerundeten Kuppen führt, vorbei an Aussichtspunkten und an drei Fermes Auberges, auf deren Bergwiesen Rinder weiden.

Wechselnde Ausblicke bieten sich von den Hochweiden rund um den Thanner Hubel.

Wegverlauf

Vom Parkplatz am Col du Hundsrück (748 m) überqueren wir die
Straße, steigen auf einem schattigen Waldweg, dem »Sentier A. Bu-
cher« (roter Balken), in lichtem Buchenwald mäßig steil an auf dem
Südostausläufer des **Thanner Hubels** (1183 m) und blicken vom Rand
einer Lichtung auf die »Burgundische Pforte« mit den Städten Belfort
und Montbéliard.

Entlang dem Südwesthang des Thanner Hubels führt unser Weg (roter
Balken) weiter bergauf zum Waldrand – rechter Hand ein überdach-
tes Wegkreuz mit einem Glöckchen – und über eine Bergwiese mit
prachtvollen Weidbuchen bequem zur **Vereinshütte Waldmatt** auf
der Scheitelhöhe des Höhenrückens (1104 m).

In nördlicher Richtung blicken wir auf das Ventron-Massiv (→ **Wanderung 24**) und, über das → **Vallée de la Thur** hinweg, auf den Grand
Ballon (→ **Wanderung 26**).

Nach links (roter Balken) führt unser Weg auf der Scheitelhöhe an
einem Weidezaun entlang und schwenkt nach wenigen hundert Me-

28

tern am Fuß der Erhebung **Rossberg** (1191 m) auf Höhe einer weiteren Vereinshütte leicht nach rechts. Über Bergwiesen steigen wir leicht an, halten uns an einer Weggabelung geradeaus (roter Balken) und erreichen am Ende der Bergwiesen die **Vogelsteine** (1164 m). Der Ausblick von diesen Felsen umfaßt u. a. das → **Vallée de la Doller** mit Masevaux und den Ballon d'Alsace (→ **Wanderung 30**).

Wir wenden uns nach rechts (blaues Dreieck) auf einen schmalen Weg, der zunächst durch Wald, anschließend über Viehweiden hangabwärts führt – schöner Blick in das Vallée de la Thur – und in einem weiten Rechtsbogen zur **Ferme Auberge Gsang** (1040 m).

Geradeaus folgen wir einem breiten Weg (rotes Dreieck) in leichtem Auf und Ab über Viehweiden, nur kurz unterbrochen durch ein Waldstück, zu der unterhalb der Vereinshütte Waldmatt inmitten von Bergwiesen gelegenen **Ferme Auberge Rossberg** (1065 m).

Am Nordhang des **Thanner Hubels** (1183 m) steigen wir leicht an und halten uns nach wenigen Minuten an einer Weggabelung links (rotes Dreieck). Unser Weg führt um den Thanner Hubel herum und über Viehweiden hin-

unter zur **Ferme Auberge Thanner Hubel** (1030 m), wo sich ein neuer Ausblick eröffnet: auf → **Thann** im → **Vallée de la Thur** und über die Rheinebene zum Schwarzwald.

Wir folgen dem Zufahrtsweg der Ferme Auberge (rotes Dreieck) bequem hangabwärts, biegen nach

Im Mai werden die Rinder zu den Hochweiden aufgetrieben.

wenigen Minuten im Wald scharf links ab (rotes Dreieck) und wenden uns nach 100 m scharf nach rechts (rotes Dreieck). Der Weg führt am stellenweise felsigen und mit Geröll bedeckten Hang durch urigen Wald, kreuzt den Ferme Auberge-Zufahrtsweg und führt zu der Lichtung, die wir vom Beginn der Wanderung schon kennen. Nach links (roter Balken) kehren wir auf dem Weg unseres Anstiegs zum Col du Hundsrück zurück.

29

Rouge Gazon und der Lac des Perches

Chaume du Rouge Gazon – Tête des Perches – Grand Neuweiher –
Lac des Perches – Chaume du Rouge Gazon   Karte: C/D 18/19

an-
spruchs-
voll

12 km

4 Std.

570 m

*Ein Genuß
fürs Auge: die
Bergwälder in
den Hoch-
vogesen.*

Tourencharakter: Mehrere streckenweise steile Anstiege; überwiegend
durch Wald; vorbei an drei malerischen Bergseen.
Beste Jahreszeit: Mai–Oktober.
Ausgangs-/Endpunkt: Großer Parkplatz
auf der Hochweide Rouge Gazon.
Wanderkarte: TOP 25, 1:25000, Blatt
3620 ET (Thann, Masevaux, Ballon
d'Alsace).
Markierung: Von Chaume du Rouge
Gazon über Tête des Perches zum
GR 5 blau-weiß-blauer Balken; bis
Col des Charbonniers roter Balken;
bis Ferme Auberge du Gresson blaues
Dreieck; zurück zum Ausgangspunkt
blauer Balken.
Verkehrsanbindung: Von Mulhouse
auf der N 66 über Thann, den Col de

Bussang und Bussang nach St-Maurice-
sur-Moselle; im Ort links abbiegen auf
die D 90 und ansteigen Richtung Rouge
Gazon.
Einkehr: Am Ausgangspunkt Hotel-
Restaurant au Rouge Gazon; Ferme
Auberge du Gresson (ganzjährig geöff-
net); am Grand Neuweiher Auberge-
Refuge Neuweiher.
Unterkunft: Hôtel au Rouge Gazon,
Tel. 03 29 25 12 80; Ferme Auberge
du Gresson (Zimmer und Schlafsaal),
Tel. 03 89 82 00 21; Auberge-Refuge
Neuweiher (Zimmer und Schlafsaal),
Tel. 03 89 82 02 09 oder 03 89 82 09 82.
Tourist-Info: Office de Tourisme,
28b, rue de la Gare, F-88560 St-Mau-
rice-sur-Moselle, Tel. 03 29 25 12 34,
Fax 03 29 25 80 43.

Vom Vogesenkamm hinunter führt
diese eindrucksvolle Tour zu den
am Fuß des Steilabfalls gelegenen
Seen und zu zwei Einkehrmöglichkeiten, zur Ferme Auberge Gresson
und zur Auberge Neuweiher, die,
da sie nur zu Fuß erreichbar sind, in
friedlicher Stille gelegen sind.

Wegverlauf

Vom Parkplatz (1090 m) auf der
Hochweide Chaume du Rouge Gazon – die Bezeichnung »Rote Bergweide« rührt angeblich von dem in
einer Schlacht des Jahres 1648 ge-
flossenen Blut her – steigen wir,
vorbei an dem rechts gelegenen
Hotel-Restaurant Rouge Gazon,
entlang des Waldrands (blau-weiß-
blauer Balken) über eine Viehweide
hoch zum **Tête des Perches**

(1222 m) und genießen einen umfassenden Rundblick: auf den zwischen schroffen Steilwänden tief unter uns liegenden Karsee Lac des Perches (Sternsee; 985 m), auf den Ballon d'Alsace (→ **Wanderung 30**) im Südwesten, auf das Tal der jungen Mosel im Westen, auf den Grand Ballon (→ **Wanderung 26**) im Nordosten, auf das → **Vallée de la Doller** und den Sundgau im Südosten.

Nach rechts folgen wir unserem Weg entlang der Kante des Talkessels durch einen niederen Sattel (1189 m) und steigen wenig später am Südosthang der Erhebung **Haute Bers** (1252 m) über eine Bergwiese recht steil ab zu einer Wegkreuzung. Wir wenden uns nach rechts (roter Balken des GR 5), gelangen bequem an die Scheitelhöhe des Höhenrückens Gresson und über den **Tête des Charbonniers** (Köhlerkopf; 1138 m) in den flachen Sattel **Col des Charbonniers**. Ein links abzweigender Weg (blaues Dreieck) führt zunächst bequem, dann recht steil hinunter zu einer Wegkreuzung auf den weitläufigen Bergwiesen von Gresson Moyen und Gresson Bas. Nach links (blauer Balken) erreichen wir kurz darauf die in herrlicher Aussichtslage über dem Vallée de la Doller gelegene **Ferme Auberge du Gresson** (937 m).

Geradeaus (blauer Balken) gehen wir am bewaldeten Hang entlang und steigen in einigen Kehren steil ab zu dem von felsigen Steilwänden eingefaßten **Grand Neuweiher** (820 m) und zur **Auberge Neuweiher**.

*Farne wach-
sen hier häu-
fig dicht an
dicht auf dem
Waldboden.*

Nach rechts gehen wir am Ufer entlang (blauer Balken), über einen Damm zwischen dem Grand Neuweiher und dem nur wenige Meter tiefer gelegenen **Petit Neuweiher** und steigen in Kehren steil hoch zur Erhebung **Moyenne Bers** (1116 m). Am Rand einer Bergwiese halten wir uns an einer Weggabelung rechts (blauer Balken) und gelangen in überwiegend bequemem Abstieg, vorbei an dem bei Kletterern beliebten Krappenfels, an das Ufer des **Lac des Perches** (985 m), einen von Steilwänden eingefaßten Karsee.

Wir überqueren den Staudamm und steigen in zahlreichen kurzen Kehren steil an zum **Col des Perches** (1071 m) an der Hangkante des Kars.

Hier folgen wir an einer Wegkreuzung dem halb links weiterführenden Weg (blauer Balken), der am steil fallenden, stellenweise felsigen Osthang des Tête des Perches in leichtem Auf und Ab zur Chaume du Rouge Gazon führt.

Lac d'Alfeld und Ballon d'Alsace

Lac d'Alfeld – Têtes des Redoutes – Ferme Auberge du Ballon –
Ballon d'Alsace – Lac d'Alfeld   Karte: C 19

30

anspruchsvoll

12 km

4–4½ Std.

680 m

Tourencharakter: Langer, streckenweise steiler Anstieg zum Ballon d'Alsace, ebensolcher Abstieg; herrlicher Rundblick; überwiegend durch Wald; Bademöglichkeit im Lac d'Alfeld.
Beste Jahreszeit: Mai–Oktober; nach strengem Winter liegt noch im Juni Schnee.
Ausgangs-/Endpunkt: Großer Parkplatz am Lac d'Alfeld.
Wanderkarte: TOP 25, 1:25 000, Blatt 3520 ET (Ballon d'Alsace).
Markierung: Vom Lac d'Alfeld bis Weggabelung im Hochtal der Ferme Auberge Hinteralfeld roter Punkt; gut 1 km weit rotes Dreieck; weiterer Anstieg zur Kammhöhe rot-weiß-roter Balken; über Ballon d'Alsace zu Ronde Tête roter Balken; kurzzeitig blauer Kreis, anschließend bis Lac d'Alfeld rotes Schrägkreuz.

Verkehrsanbindung: Von Mulhouse auf der A 36 zur nächsten Ausfahrt (Nr. 14); auf der N 83 3 km weit in Richtung Colmar, abbiegen auf die D 466 und im Vallée de la Doller über Masevaux und Sewen zum Lac d'Alfeld.
Einkehr: Am Lac d'Alfeld die Auberge du Lac d'Alfeld; Bar-Restaurant La Chaumière; am Fuß des Ballon d'Alsace die Ferme Auberge du Ballon d'Alsace.
Unterkunft: Ferme Auberge du Ballon d'Alsace, Tel. 03 84 23 97 21; nahebei das Hôtel du Sommet, Tel. 03 84 29 30 60; am Anfahrtsweg in Sewen das Hôtel des Vosges, Tel. 03 89 82 00 43, und Hôtel Au Relais des Lacs, Tel. 03 89 82 01 42.
Tourist-Info: Office de Tourisme Masevaux et la Vallée de la Doller, 36, Fossé des Flagellants, F-68290 Masevaux, Tel. 03 89 82 41 99, Fax 03 89 82 49 44.

Mitten im Naturpark »Ballons des Vosges« liegt der höchste Berg der Südvogesen, der Ballon d'Alsace. Mit seinem herrlichen Rundblick erfreut er sich zu allen Jahreszeiten großer Beliebtheit, denn von der Straße aus ist er in 15 Min. leicht erreichbar; im Winter sind mehrere Skilifte in Betrieb und werden Langlauf-Loipen gespurt. Wie alle anderen »Ballons« erscheint er von Westen her als eine flache Kuppe, fällt jedoch am Osthang steil ab zum Lac d'Alfeld.

Weithin sichtbar ist die Marienstatue auf dem Ballon d'Alsace.

Wegverlauf

Vom Parkplatz (615 m) am **Lac d'Alfeld** gehen wir auf der Straße wenige Meter in Richtung Ballon d'Alsace zu dem zwischen steil fallenden Hängen glitzernden Lac d'Alfeld. Hier überqueren wir die Staumauer, die zwischen 1884 und 1887 gebaut wurde, als Elsaß-Lothringen unter deutscher Verwaltung stand. Am Ende des Staudamms wenden wir uns nach links (roter Punkt), folgen einem am Nordufer

30

Der Lac d'Alfeld ist ein beliebtes Sommer-Ausflugsziel, ist er doch einer der wenigen Seen in den Vogesen, in dem Baden erlaubt ist.

verlaufenden Weg über Felsen und Rinnsale und halten uns am westlichen Ende des Sees an einer Weggabelung geradeaus (roter Punkt). Entlang des Alfeldbachs steigen wir zur Straße Masevaux–Ballon d'Alsace an, überqueren die Straßenbrücke über den Bach und biegen rechts ab auf einen Wiesenweg, der sich am Waldrand gabelt. Geradeaus (rotes Dreieck) folgen wir einem am Hang des **Grand Langenberg** (1070 m) streckenweise in Kehren ansteigenden Waldweg, kreuzen erneut die von Masevaux heraufführende Straße und steigen (rot-weiß-roter Balken) weiterhin steil an. Nach Überqueren zweier Skihänge erreichen wir entlang dem Nordhang der Erhebung **Tête des Redoutes** (1138 m) die Scheitelhöhe des Bergrückens (1086 m) und stoßen hier auf den GR 5.

Nach rechts (roter Balken), parallel zur Straße, folgen wir dem Kammweg entlang der Hangkante und passieren kurz nacheinander das »Foyer Communautaire«, ein vor allem im Winter genutztes Gebäude, und das in einem ehemaligen Zollhaus eingerichtete **Restaurant La Chaumière**. Geradeaus steigen wir auf einem Skihang (roter Balken) nochmals steil an und verlassen wenig später den Wald. Über ei-

30

ne Bergweide gehen wir bequem zwischen der linker Hand verlaufenden Straße und der Steilwand des Talkessels mit dem Lac d'Alfeld durch einen langgestreckten Sattel (1138 m) zur etwas erhöht stehenden **Ferme Auberge du Ballon** (1170 m).

Hinter der Ferme Auberge steigen wir entweder auf einem längeren, mit Informationstafeln versehenen Weg oder auf dem direkten, steileren Weg (roter Balken) über Treppenstufen hoch zum Gipfelplateau des **Ballon d'Alsace.**

Hier am Ostrand und höchsten Punkt (1247 m) der Hochfläche, wenige Meter von der Hangkante entfernt, steht eine **Marienstatue** (Vierge du Ballon), die der Bauer vom »Ballon-d'Alsace-Hof« 1860 errichten ließ als Dank für seine Errettung aus einem Schneesturm. Auf dem westlichen Hochpunkt (1241 m) hingegen wurde eine Jeanne d'Arc-Statue errichtet. Der herrliche Rundblick von hier oben umfaßt den Ballon de Servance und weite Teile Lothringens, die »Burgundische Pforte«, den Sundgau und die Berge des Schweizer

Jura im Süden, das → **Vallée de la Doller**, die Rheinebene und den Schwarzwald, im Nordosten den Vogesenkamm mit dem Grand Ballon (→ **Wanderung 26**).

Idyllisch liegt der aufgestaute Lac d'Alfeld am Fuß des Ballon d'Alsace.

An einer Orientierungstafel verlassen wir das Gipfelplateau: Ein streckenweise schmaler Weg (roter Balken) führt am bewaldeten, stellenweise felsigen Steilhang hinunter in einen Sattel (1051 m). Am Westhang der Erhebung **Ronde Tête** (1117 m) biegen wir rechts ab (blauer Kreis), wenden uns nach 150 m nach links und folgen einem streckenweise feuchten Weg entlang des bewaldeten Steilhangs abwechselnd bequem und steil bergab. Wir passieren einen **Wasserfall** (Cascade d'Alfeld), steigen wenig später in zahlreichen engen Kehren steil zum **Lac d'Alfeld** hinunter und kehren über die Staumauer zu unserem Ausgangspunkt zurück.

▶ BERGHEIM

Höhe: 215 m	Karte: G 14
Einwohnerzahl: 1800	

Lage: Bergheim ist eines der hübschen Städtchen an der → **Route du Vin**, wenige Kilometer nördlich von → **Ribeauvillé**.

Feine elsässische Küche, örtliche Spezialitäten und fachkundige Beratung bei der Auswahl der Weine bietet in Bergheim die gepflegte Wistub du Sommelier: 51, Grand'Rue (So. und Mo. geschlossen).

Geschichte: Freie Reichsstadt war im Mittelalter das Städtchen, dessen **Stadtbefestigung** mit Mauer, Graben und Toren noch beinahe komplett erhalten ist und auf einem Spaziergang erwandert werden kann (Promenade des remparts).

Sehenswert: Dennoch hält sich die Zahl der Touristen in Grenzen, vielleicht weil nicht jedes Haus mit prächtigem Fachwerk aufwarten kann und bunte Geschäfte fehlen. In Ruhe kann man deshalb über den malerischen langgezogenen **Marktplatz** schlendern oder in einem der Lokale einkehren.

Tourist-Info: Maison du Tourisme du Pays de Ribeauvillé, 1, Grand' Rue, F-68150 Ribeauvillé, Tel. 03 89 73 62 22, Fax 03 89 73 23 62.

▶ BOUXWILLER

Höhe: 260 m	Karte: E 5
Einwohnerzahl: 3700	Wanderung 3

Lage: Westlich von → **Haguenau** in der flachen, sich zwischen Rhein und Vogesen erstreckenden Landschaft, aus welcher der nur 326 m hohe, langgezogene **Bastberg**, ein geologisch interessanter Hügel, deutlich herausragt.

Geschichte: »Pays du Hanau« (Hanauerland) wird die Region genannt, da im Jahr 1480 das befestigte Städtchen Bouxwiller an das Geschlecht Hanau-Lichtenberg überging. Bis zur Französischen Revolution wurde von hier aus die Grafschaft regiert. Reich war damals das Städtchen, das im 18. Jh. aufgrund seiner Gartenanlagen »Klein-Versailles« genannt wurde. Doch sowohl diese als auch das Schloß verschwanden. Geblieben sind Erker an den Häusern (vor allem in der Rue des Seigneurs) und zahlreiche Fachwerkhäuser in den nach wie vor engen Straßen. Auf Touristenmassen wird man nicht treffen, ist das Städtchen doch weniger herausgeputzt als die Orte entlang der Weinstraße und hat es sich gerade deshalb seinen ganz eigenen Charme bewahrt.

Vorherige Doppelseite: Darstellung des Abendmahls im Straßburger Münster.

Sehenswert: Ein ausgeschilderter Rundgang (Broschüre im Museum und bei Stadtverwaltung erhältlich) führt u. a. vorbei am Marché-aux-Grains (Kornmarkt) mit seinen Fachwerkhäusern und am Place du

Château mit Schloßkapelle, den einstigen Stallgebäuden (heute Post) und dem Rathaus, einem Renaissancebau, in dem das **Musée du Pays de Hanau-Lichtenberg** untergebracht ist (Mo.–Fr. 14–18 Uhr, Mai–Sept. auch Sa. und So. 14–18 Uhr). Trachten, Haushalts- und Einrichtungsgegenstände – bemalte Möbel sind eine Besonderheit der Region – illustrieren das Alltagsleben vergangener Zeiten. Über die Geschichte des elsässischen Judentums informiert das **Jüdisch-Elsässische Museum**, eingerichtet in einer ehemaligen Synagoge (Grand' Rue, Mitte März–Mitte Sept. Di.–Fr. 9–12 und 14–17 Uhr, So. 14–17 Uhr).

Möglicher Abschluß des Rundgangs: Eine Tasse Kaffee im **Salon de thé Isenmann** (28, Grand'Rue), einem kleinen, heimeligen Café, wo die Kaffeebohnen noch selbst geröstet werden und außer leckeren Torten auch die Spezialität des Orts »charbon de Bouxwiller« (Nußschokolade) zu haben ist; oder ein Besuch des »**Complexe nautique du Pays de Hanau**« mit Sport- und Planschbecken sowie 52 m langer Rutschbahn (ganzjährig tgl. geöffnet).

Das Bretzelbacken hat hier Tradition, soll doch in Bouxwiller die erste Bretzel entstanden sein, als ein im Schloß gefangengehaltener Bäcker seinen Hals nur dadurch retten konnte, daß er ein Gebäck erfand, durch das der Graf dreimal die Sonne sehen konnte.

▶ COLMAR

Höhe: 193 m   *Karte: G/H15*
Einwohnerzahl: 65 000

Lage: Colmar, die drittgrößte Stadt des Elsaß und Hauptort des Département Haut-Rhin, liegt in der Elsässischen Ebene am Flüßchen Ill.

Colmar ist Station an der Bahnlinie → **Mulhouse** – → **Strasbourg**, viele der beschriebenen Wanderungen lassen sich von Colmar aus leicht erreichen.

Geschichte: Aus einer Königspfalz der Karolinger entwickelte sich im Mittelalter eine wohlhabende Stadt, deren Reichtum auf Weinhandel beruhte. Sie erkämpfte sich im 15. Jh. vollständige Unabhängigkeit, gab sich eine städtische Verfassung und reifte zu einem wissenschaftlichen und kulturellen Zentrum. Im 18./19. Jh. siedelten sich im Umkreis der Altstadt Industriebetriebe an, und die Stadt wurde zu einem wichtigen Industriestandort.

Sehenswert: Der mittelalterliche Charakter der Altstadt blieb über die Jahrhunderte erhalten, was Colmar, nach Meinung vieler, zur schönsten Stadt des Elsaß macht. Da die Altstadt, was die Größe anbetrifft,

Eines der schönsten Sträßchen in Colmar ist die Rue des Marchands, die zum Alten Koïffhus führt.

Bedeutendes Kunstwerk im Unterlinden-Museum: der Isenheimer Altar mit den von Matthias Grünewald bemalten Flügeln.

überschaubar ist und zahlreiche Sträßchen Fußgängerzonen sind, kann sie gut zu Fuß erkundet werden. Ein günstiger Startplatz ist das Parkhaus am Place de la Mairie. Unweit davon liegt das Touristen-büro, wo ein Stadtplan erhältlich ist. In folgender Reihenfolge könnte man die wichtigsten Sehenswürdigkeiten aufsuchen: **Museé Unter-linden** (April–Okt. 9–18, Nov.–März 9–12 und 14–17 Uhr), ein viel-besuchtes Museum, untergebracht in einem ehemaligen Dominika-nerinnenkloster mit herrlichem Kreuzgang (13. Jh.); unter den kostbaren Kunstschätzen – Exponate aus der Jungsteinzeit bis zu Gemälden aus dem 20. Jh. – ist das bekannteste der Isenheimer Altar (Anfang 16. Jh.) von Matthias Grünewald. Das **Maison des Têtes** (1609) erhielt seinen Namen wegen der mehr als 100 »Köpfe«, mit denen die Fassade des prächtigen Renaissancehauses verziert ist; in den Räumen des Hauses kann man gepflegt speisen. In der **Do-minikanerkirche** (13. Jh.) ist Martin Schongauers berühmtes Gemälde »Maria im Rosenhag« (1473) ausgestellt (März–Juni 10–13 und 15–18, nur Sa. 10–18 Uhr; Juli–Okt. 10–18, So. 10–13 und 15–18 Uhr; Nov./Dez. 10–12.30 und 15–17.30 Uhr). Am **Place de la Cathédrale** befinden sich zwei sehenswerte Häuser – das Maison Adolphe, das älteste Haus Colmars (14. Jh.), und die Alte Wachstube (16. Jh.) – sowie die **Kirche St-Martin** (täglich 8–19 Uhr außer

Stadtspaziergänge bei Nacht haben ihren be-sonderen Reiz, vor allem, wenn die bekannte-sten Viertel und Häuser speziell beleuchtet werden, was jeden Freitag- und Samstagabend bei Einbruch der Dunkelheit geschieht und täg-lich bei Veranstaltungen in der Stadt (Weinmes-se, Musikfestival, Weihnachtsmarkt).

Sonntagmorgen), die in einem Übergangsstil zwischen romanisch und gotisch erbaut wurde (1230–1370). In der **Rue des Marchands**, die als malerischste Straße der Altstadt gilt, fallen mehrere prächtige Häuser auf, vor allem das 1537 für einen reichen Hutmacher erbaute Eckhaus **Maison Pfister** mit Erker, Treppentürmchen und Holzgalerie. Im Haus Nr. 20 ist das **Musée Bartholdi** (1. März–31. Dez. täglich außer Di. 10–12 und 14–18 Uhr) untergebracht: Hier wurde der Bildhauer Frédéric Auguste Bartholdi (1834–1904) geboren, dessen bekanntestes Werk die Freiheitsstatue in New York ist. Beherrschendes Gebäude am malerischen Place de l'Ancienne Douane ist das arkadengeschmückte **Alte Koïfhus** (1490), wo früher zollpflichtige Waren gelagert und verkauft wurden. Über die Grand'Rue gelangt man zum Boulevard St-Pierre und zur Brücke über die Lauch, von wo sich ein schöner Blick in das heute **»Petite Venise«** genannte Viertel bietet, einen alten Stadtbezirk am Flüßchen Lauch mit engen Gäßchen, in denen vorwiegend Gemüsebauern lebten, was den früheren Namen »Krutenau« erklärt. Parallel zur Lauch erreicht man den **Quai de la Poissonnerie** mit der malerischen Front alter Fischerhäuser. Über die Brücke gelangt man in die Rue des Tanneurs mit ehemaligem **Gerberviertel**, wo die mehrstöckigen Fachwerkhäuser mustergültig saniert worden sind. Nach dem Place de l'Ancienne Douane mit dem Schwendi-Brunnen liegt rechter Hand der Place 2ième Février mit dem alten Hospital (1735) und der ehemaligen Franziskanerkirche **Église St-Matthieu** (15. Jh.), in welcher die Glasmalereien (15. Jh.) sowie der Lettner sehenswert sind.

Tourist-Info: Office de Tourisme, 4, rue Unterlinden, F-68000 Colmar, Tel. 03 89 20 68 92, Fax 03 89 41 34 13.

▶ DABO

Höhe: 468 m	*Karte: C 7/8*
Einwohnerzahl: 2870	*Wanderung 6*

Lage: Südwestlich von → **Saverne** liegt im Département Moselle (Lothringen) der kleine Ort Dabo (Dagsburg) in den bewaldeten Nordvogesen.

Geschichte: Die Ortschaft entwickelte sich am Fuß des markanten Sandsteinfelsens **Rocher du Dabo** (647 m), der die bewaldeten Hügel überragt. Kultstätte war er zur

Mountainbike-Fahrer finden um Dabo ein reiches Betätigungsfeld: Am Col de la Schleif, südöstlich von Dabo, bietet das »stade VTT des Framboisiers« einen 5,5 km langen Parcours mit diversen Hindernissen (jederzeit zugänglich). Dort beginnen auch mehrere markierte Rundtouren. Verleih von Mountainbikes im Touristenbüro in Dabo.

Der Rocher de Dabo, auf dem eine Kapelle steht, ist ein beliebter Aussichtspunkt.

Zeit der Kelten und Römer, Standort einer Burg ab dem 10. Jh. Hier residierte die einflußreiche Familie von Eguisheim-Dabo, deren Nachkomme Brunon, der angeblich hier oben geboren wurde, im Jahr 1049 zum Papst gewählt wurde und den Namen Léon IX. annahm. Ihm zu Ehren wurde 1890 die heutige Kapelle im neoromanischen Stil gebaut.

Sehenswert: Vielbesuchtes Ausflugsziel ist dieser **Rocher de Dabo,** auch Rocher du Léon genannt, zu dem man über felsige Stufen hinaufsteigt. Auf der kleinen Hochfläche ist nur Platz für die Kapelle, deren 20 m hoher Turm als Aussichtsturm dient. Einkehren kann man in dem am Parkplatz gelegenen Restaurant du Rocher mit schönem Ausblick oder im Ort, der auf Touristen bestens eingestellt ist. In Geschäften werden lokale Produkte sowie die für die Gegend typischen Kristallwaren angeboten. Wer sich für das Schleifen von **Kristallglas** interessiert, kann sich in der Glasschleiferei Lehrer in Neustadtmuhle (wenige Kilometer nördlich von Dabo an der Strecke zum **Plan incliné von → St-Louis**) einen diesbezüglichen Film ansehen und natürlich auch Glaswaren einkaufen.

▶ DAMBACH-LA-VILLE

Höhe: 198 m	*Karte: H 12*
Einwohnerzahl: 2000	*Wanderung 10*

Lage: Die **→ Route du Vin** führt durch das Städtchen Dambach-la-Ville, das nördlich von **→ Sélestat** liegt.

Geschichte: Etwas höher am Hang befand sich das ursprüngliche Dorf, das 1227 bei der Belagerung der oberhalb gelegenen Burg Bernstein zerstört wurde. Die Bewohner legten daraufhin die heutige Siedlung an, welche 1340 zur Stadt erhoben wurde.

Sehenswert: Vom ersten Dorf blieb nur die Kirche erhalten, die heutige **Kapelle St-Sébastien** (11.–13. Jh.) mit geschnitztem Sebastiansaltar (um 1690) und Beinhaus. Von der Kapelle, die inmitten von Weinbergen steht, bietet sich ein schöner Blick auf das Städtchen mit der teilweise erhaltenen Stadtmauer, den drei mächtigen Stadttoren sowie den engen Gassen. Trotz dieser gut erhaltenen mittelalterlichen Struktur ist Dambach eines der ruhigeren Städtchen an der Route du Vin.

Blickfang auf dem hübschen **Marktplatz** ist der blumengeschmückte Bärenbrunnen, eingerahmt vom Rathaus (1547) und gepflegten Fachwerkhäusern. Im schönsten, dem schmalen Haus Nr. 12, ist die typische Weinstube »Caveau Nartz« untergebracht, in welchem die Winzerfamilie ihren eigenen Wein ausschenkt. Wer sich für die örtlichen Weine interessiert, kann den Weinlehrpfad (sentier viticole) abwandern oder an einer Führung durch einen Weinberg mit anschließender Weinverkostung teilnehmen (Juli-Sept. jeweils Di. 17 Uhr, Auskunft im Office de Tourisme, Hôtel de Ville, F-67650 Dambach-la-Ville, Tel. 03 88 92 61 00, Fax 03 88 92 60 09).

▶ **ÉCOMUSÉE D'ALSACE**

Höhe: 225 m   *Karte: G 18*

Reizvoll ist der Blick von der Kapelle St-Sébastien auf den Weinort Dambach-la-Ville.

Lage: Das Freilichtmuseum befindet sich in der Ebene nördlich von → **Mulhouse,** zwischen den Dörfern Pulversheim und Ungersheim. Von der N 83 (Ausfahrt Soultz Haut-Rhin oder Bollwiller) aus ist das Museum ausgeschildert.

Sehenswertes: Rund 70 **Fachwerkhäuser, Bauernhöfe** und andere Gebäude, die vom Abriß bedroht waren, wurden in den verschiedensten Regionen des Elsaß gesammelt und auf einem brachliegenden Gelände bei einer Kali-Abraumhalde in Form eines Dorfs wieder aufgebaut. Um den Dorfteich gruppieren sich liebevoll eingerichtete Bauernhäuser mit **Bauerngärten** und Ställen, in denen Tiere stehen; **Werkstätten,** in denen alte Handwerkstechniken vorgeführt werden wie Töpfern oder das Herstellen von Holzschuhen; eine **Schule,** in der man am Unterricht teilnehmen kann; eine **Bäckerei,** die frisches

Brot verkauft. Auf den Dächern nisten Störche, am Waschplatz wird gewaschen und in einem der Häuser gekocht wie zu Großmutters Zeiten. Da auch Feste zum dörflichen Alltag gehörten, wurde ein altes **Karussell** aufgestellt.

Einkehren kann man auf dem Gelände entweder in der Taverne oder in der Auberge de Gommersdorf. Auch Zimmer und Appartements werden nebenan vermietet, die in kleinen, im Stil alter Elsässer Häuser errichteten Gebäuden untergebracht sind: Les loges de l'Écomusée, Tel. 03 89 74 44 95.

Tourist-Info: Écomusée d'Alsace, Chemin du Grosswald, 68190 Ungersheim, Tel. 03 89 74 44 54. Täglich geöffnet ohne Mittagspause.

Einblicke in das Alltagsleben früherer Zeiten ermöglicht das Écomusée, das auch für Kinder interessant ist.

▶ FLECKENSTEIN (BURGRUINE)

Höhe: 338 m	*Karte: H2*
	Wanderung 1

Lage: Auf einem Felsklotz in den Nordvogesen, westlich von → **Wissembourg,** erhebt sich die Burgruine, die über ein Sträßchen von → **Lembach** aus erreichbar ist.

Geschichte: 40 m hoch und 50 m lang, aber nur 8 m breit ist der Felsen aus rotem Buntsandstein, auf dem sich die Herren von Fleckenstein im 12. Jh. ihren Wohnsitz erbauen ließen. Abgelegen erscheint dieser Standort heute, doch führte zur Zeit der Erbauung im 12. Jh. hier eine Straße vorbei, welche die Besitzungen der Staufer, der Lehnsherren der Fleckensteiner, verband, weshalb die Lage der Burg strategisch günstig war.

Erfrischung Nach der Burgbesichtigung erfrischt ein Bier im Garten des nahegelegenen Gimbelhofs, von wo aus man nochmals aus der Ferne einen Blick auf die Burgruine werfen kann, oder ein Bad im Étang du Fleckenstein, einem Weiher an der Straße nach Lembach.

Sehenswert: Was den besonderen Reiz für den heutigen Besucher ausmacht, das sind die aus dem senkrecht abfallenden Felsklotz herausgehauenen Räume, Treppen und Gänge. Erst später wurde auf dem Fels ein dreistöckiger Palas erbaut, dessen Bewohner mit Hilfe eines Lastenaufzugs vom Fuß des Felsens aus versorgt wurden. Spätere Generationen erweiterten die Burg durch Kapelle und Nebengebäude, errichteten eine über 2 m dicke Mauer und Türme. Mit diesen Verteidigungsmaßnahmen war die Burg bis zum Jahr 1674 uneinnehmbar, als Marschall Vauban sie zerstörte (täglich 10–17 Uhr; Führungen auch in deutscher Sprache).

▶ GÉRARDMER

Höhe: 666 m	*Karte: C15*
Einwohnerzahl: 9650	*Wanderung 17*

Lage: Der Touristenort liegt im Département Les Vosges (Lothringen), ca. 15 km westlich der → **Route des Crêtes**.

Sehenswert: Schon lange ist Gérardmer wegen seiner reizvollen Lage zwischen den Seen **Lac de Gérardmer** und **Lac de Longemer** ein Urlaubsort. Hier jagte bereits Karl der Große, wurde 1875 das erste Touristenbüro Frankreichs eingerichtet, zeugen zahlreiche private Chalets sowie große Hotels von der Beliebtheit des Orts. Dieser selbst hat kulturell wenig zu bieten, wurde er doch im Zweiten Weltkrieg zu 85% zerstört. Was hier reizt, das ist ein Spaziergang um den See, mit 2, 2 km Länge der größte natürliche See in den Vogesen, eine **Fahrt mit Vergnügungsboot** oder Tretboot, ein Einkauf im **Maison de la Montagne**, wo regionale Produkte verkauft werden, ein Besuch im Kasino oder einfach ein Nachmittagskaffee an der gepflegten Uferpromenade mit Blick auf die Surfer sowie die Boote, die vor Anker liegen. Besonders zahlreich sind die Touristen um den 20. April, wenn an den Hängen im Tal Millionen von Narzissen blühen und in Gérardmer das **Narzissenfest** mit Blumenkorso stattfindet.

Baden – nicht überall im See erlaubt – kann man am Plage du Lido (am Seende) und im Complexe sportif (quai Locle), wo es außer einem Strand auch ein beheiztes Schwimmbecken gibt sowie weitere Sportangebote.

▶ GRANDFONTAINE

Höhe: 464 m	*Karte: B 10*
Einwohnerzahl: 874	

Lage: Das langgezogene Dorf liegt in den Mittleren Vogesen ca. 5 km nordwestlich von Schirmeck an der Straße zum Col du Donon und am Weg zum Étang du Coucou.

Geschichte: 700 Jahre lang wurde in diesem Tal Eisenerz abgebaut. Zur Zeit der Hauptproduktion im 18./19. Jh. arbeiteten in der **Mine de Grandfontaine** über 400 Metall- und Minenarbeiter in mehreren Stollen, an den Hochöfen, in einer Gießerei, später auch in einem Walzwerk.

An die einstige Kultstätte auf dem Donon erinnert heute die Nachbildung eines römischen Tempels.

Sehenswert: Heute ist der Erzabbau eingestellt, deshalb kann einer der **Stollen** besichtigt werden (1.7.–31.8. täglich 14–18 Uhr, April–Juni und Sept.–Mitte Okt. nur nach Vereinbarung).

Ein kleines **Museum** sowie ein Rundweg, der Minenweg, vermitteln weitere Einblicke in die damalige Förderungstechnik.

Nicht versäumen sollte man einen Abstecher zum **Donon,** mit 1008 m Höhe der höchste Berg in der Umgebung. Vom Parkplatz im Col du Donon führt ein **archäologischer Pfad** mit Informationstafeln zum Gipfel (gut 2 km), der zur Zeit der Kelten und Römer Kultstätte war, wovon Mauerreste zeugen. Den felsigen Gipfel, von dem manchmal sogar die Alpen zu sehen sind, krönt heute die Nachbildung eines **römischen Tempels.**

▶ GUEBWILLER

| Höhe: 288 m | Karte: F 18 |
| Einwohnerzahl: 11000 | Wanderung 22, 26 |

Von der einstigen Größe der Benediktinerabtei Murbach zeugen nur noch Chor und Türme.

Lage: Die Stadt liegt im Tal der Lauch, dem sogenannten Florival, das sich in die Hochvogesen hineinzieht und von dem aus der **Petit Ballon** (→ **Wanderung 22**) und der **Grand Ballon** (→ **Wanderung 26**) angefahren werden können. Per PKW ist die Stadt über die → **Route du Vin** erreichbar, per Bus von → **Colmar** und → **Mulhouse** aus.

Geschichte: Seit dem 8. Jh. gehörte der Ort zu der im Florival gelegenen vermögenden Abtei Murbach, deren Verwaltungsmittelpunkt Guebwiller im 13. Jh. wurde. 1270 wurde die Stadt befestigt. 1715

ließ sich der Fürstabt von Murbach mitten im Ort an der Stelle einer älteren Burg das Schloß Neuenburg erbauen, in dem bis zur Französischen Revolution (1789) die Äbte residierten. Ende des 18. Jh. ließen sich rund um die Stadt Industriebetriebe nieder.

Sehenswert: Weniger die Fachwerkhäuser sind es, die einen Besuch in der langgezogenen, geschäftig wirkenden Stadt lohnen, als die Kirchen. Am bekanntesten ist die **Kirche St-Léger** (12. Jh.) mit prachtvoller Fassade und dämmrigem Kirchenraum, in dem die modernen, farbigen Glasfenster besonders auffallen. Sehenswert sind die Fresken in der Kirche (14. Jh.) des **Dominikanerklosters**, dessen Kreuzgang sowie Klostergebäude (15. Jh.) – heute ein Spital – noch erhalten sind. Klassizistisch ist die **Kirche Notre Dame**, von den Fürstäbten von Murbach in der zweiten Hälfte des

18. Jh. erbaut, am Place Jeanne d'Arc neben dem Schloß Neuenburg (heute eine Schule) und anderen Gebäuden für die Geistlichen. In einem ist jetzt das **Musée du Florival** (täglich außer Di. 14–18, Sa. und So. zusätzlich 10–12 Uhr) untergebracht. Es verfügt über Abteilungen zur Archäologie und Geologie sowie eine Sammlung der Werke des Keramikkünstlers Théodore Deck (1823–91).

Auch als Weinort einen guten Ruf hat Guebwiller, das sich seiner vier »Grand cru«-Lagen rühmen kann.

Nicht versäumen sollte man einen Ausflug ins Florival zu drei weiteren Kirchen: beispielsweise zur ehemaligen **Benediktinerabtei Murbach,** einem der ältesten und mächtigsten Klöster des Elsaß. In **Lautenbach** findet man die mit Ornamenten und Figuren reich geschmückte Fassade der romanischen Kirche **St-Michel et St-Gangolph** (Mitte 12. Jh.). Und in **Buhl** ist in der neoromanischen Dorfkirche der **spätgotische Flügelaltar** (Ende 15. Jh.), das Werk eines Schülers von Martin Schongauer, sehenswert.

Tourist-Info: Office du Tourisme de Guebwiller et environs, Hôtel de Ville, F-68500 Guebwiller, Tel. 03 89 76 10 63, Fax 03 89 76 52 72.

Die Möglichkeit, sich sportlich zu betätigen, bietet das inmitten einer großen Grünanlage gelegene geheizte Hallen- und Freibad mit riesiger Rutschbahn in Guebwiller (tgl. geöffnet).

 # HAGUENAU

Höhe: 130 m   *Karte: H 5*
Einwohnerzahl: 30000

Lage: Nördlich von → **Strasbourg** liegt in der Ebene die Stadt Haguenau am Rande des ausgedehnten Fôret de Haguenau. Die Stadt ist sowohl per Auto von der A 35 aus als auch per Bahn (Linie Strasbourg–→ **Wissembourg**) gut zu erreichen.

Geschichte: Der weitläufige Hagnauer Forst war Jagdgebiet der Herzöge von Schwaben. Herzog Friedrich der Einäugige ließ zu Beginn des 12. Jh. im Flüßchen Moder eine Wasserburg errichten, die sein Sohn, Kaiser Friedrich I. Barbarossa, zu einer Kaiserpfalz ausbaute. Die Siedlung, die in der Umgebung entstand, wurde 1164 zur Stadt, 1262 zur Freien Reichsstadt erhoben. Die Bombardierung im Zweiten Weltkrieg vernichtete weitere alte Bausubstanz.

Sehenswert: Ein Fachwerkidyll ist Haguenau deshalb nicht, aber ein angenehmes Städtchen, in dem sich in den verkehrsberuhigten Straßen gut einkaufen und in den Straßencafés gemütlich einkehren läßt. Vorwiegend Häuser aus dem 18. Jh. stehen im Zentrum um den Place d'Armes und in der Rue du Château. Älteren Datums ist die an der astronomischen Uhr erkennbare **ehemalige Kanzlei** (Ende

15. Jh.), in der das **Musée Alsacien** (täglich geöffnet) mit einer Sammlung volkstümlicher Objekte untergebracht ist. Sehenswert ist auch die Kirche **St-Georges** (in einer Seitenstraße der Grand'Rue), eine ursprünglich romanische Basilika mit gotischem Gewölbe und bemerkenswerter Kanzel (um 1500). Über die Geschichte der Stadt informiert das **Musée Historique** (Rue du Maréchal Foch; täglich geöffnet, Di. geschlossen vom 1.9. bis 30.6.). Von der mittelalterlichen Stadtbefestigung noch erhalten sind der **Fischerturm** (Tour des Pêcheurs), der **Ritterturm** (Tour des Chevaliers) und die **Porte de Wissembourg**, in deren Nähe sich die gotische Kirche **St-Nicolas** (um 1300) befindet, u. a. mit einem bemerkenswerten Hl. Grab (Mitte 14. Jh.).

Entspannung und Spaß bietet das Nautiland (8, rue des Dominicains; täglich geöffnet) mit Schwimmbecken und Rutschen.

Ausflüge: Nördlich der Stadt erstreckt sich der **Hagnauer Forst**, genannt der Heilige Forst, weil hier zwischen dem 6. und 13. Jh. Einsiedler lebten und Klöster erbaut wurden. Erhalten sind die am Waldrand gelegenen einstigen Klosterkirchen in **Walbourg** und **Surbourg**. Zum Spazierengehen und Radfahren ideal ist vor allem das Gebiet rund um **Gros Chène** mit Spiel- und Picknickplätzen sowie dem Ausflugslokal Auberge de la Fôret Gros Chène (täglich geöffnet außer Mi. im Okt./Nov.).

Vom Hagnauer Forst ist es nicht weit zu den Töpferdörfern **Betschdorf** und **Soufflenheim** (→ Einkaufen) mit einem großen Angebot an Töpferwaren und dem Musée de la Poterie in Betschdorf.

Rund 30 000 Soldaten ruhen auf dem Gräberfeld und in der Krypta am Hartmannswillerkopf.

Tourist-Info: Office du Tourisme, Place de la Gare, F-67500 Haguenau, Tel. 03 88 93 70 00, Fax 03 88 93 69 89.

▶ HARTMANNSWILLERKOPF

Höhe: 956 m	*Karte: F 18*
	Wanderung 27

Lage: Am östlichen Rand der Hochvogesen erhebt sich auf Höhe von → **Mulhouse** dieser felsige Vorsprung, der von der → **Route des Crêtes** aus erreichbar ist.

Geschichte: Dieser südlichste Felsvorsprung der Vogesen ragt in die Elsässische Ebene hinaus, bietet deshalb einen weiten Blick und war ein strategisch wichtiger Punkt, der im Ersten Weltkrieg besonders hart umkämpft wurde. Ein

Jahr lang, von Januar 1915 bis Januar 1916, kämpften die französischen und die deutschen Truppen um den Gipfel, wobei auf beiden Seiten Tausende fielen. Bis September 1918 versuchten immer wieder Stoßtrupps der Deutschen, die auf der Ostseite des Gipfels lagen, die französischen Stellungen auf dem Gipfel zu überrennen, doch ohne Erfolg.

Sehenswert: Noch heute sind auf dem Gipfel, auf dem ein großes beleuchtbares Kreuz errichtet wurde, nicht alle Wunden vernarbt, sind Schützengräben und Stellungen zu sehen. Eine **Gedenkstätte** an der Straße hält die Erinnerung wach an die 30 000, die hier auf dem Gräberfeld und in der Krypta (9–12 und 14–18 Uhr) ruhen. In der Vorhalle sind Bilder und Ausrüstungsgegenstände ausgestellt.

Im Dezember 1915 verliefen die deutschen und französischen Frontlinien am Gipfel des Hartmannswillerkopf nur 10–20 m voneinander entfernt.

▶ ## HAUT-BARR (BURGRUINE)

| Höhe: 458 m | Karte: D 7 |
| | Wanderung 5 |

Lage: Oberhalb von → **Saverne** erhebt sich auf einem Sandsteinfelsen die Burgruine Haut-Barr, die von Saverne aus mit dem Auto angefahren werden kann und jederzeit frei zugänglich ist.

Geschichte: Senkrecht fallen die drei Felsen ab, auf denen im 12. Jh. die Bischöfe von → **Strasbourg** mit dem Bau der Burg begannen, von der sie weit in die Ebene hinausschauen konnten. Dieser strategisch günstigen Stelle ist es auch zuzuschreiben, daß die Burg im 16. Jh. zur Festung ausgebaut und als solche bis zum 18. Jh. genutzt wurde.

Sehenswert: Beeindruckend ist schon vom Parkplatz aus der Blick auf die hohen, windgeschliffenen Sandsteinfelsen, von denen zwei durch einen Steg in schwindelnder Höhe, die sogenannte **Teufelsbrücke**, verbunden sind. Rund 200 m lang ist die gesamte Anlage, die man durch ein Tor aus dem 17. Jh. betritt. Vorbei am Brunnengehäuse steigt man auf der gepflasterten Auffahrt an zur kleinen **Kapelle**, die noch aus der Anfangszeit der Burg stammt, ebenso wie der noch teilweise erhaltene Palas, den man über Treppen ersteigen kann. Dort oben wird klar, warum die Burg auch »Auge des Elsaß« genannt wird. Einkehren kann man in der Ende des letzten Jahrhunderts erbauten Burggaststätte.

Die Felsen, auf denen die Burg Haut-Barr thront, sind durch die Teufelsbrücke verbunden.

Nur wenige hundert Meter sind es vom Parkplatz zum **Tour Chappe**, Station an der einstigen Telegraphenlinie Paris–Strasbourg. Mit Hilfe geometrischer Zeichen wurden zwischen 1798 und 1852 Meldungen von einer Station zur anderen weitergegeben (Vorführungen 1.6.–15.9. täglich außer Mo. 12–18 Uhr). Ein Abstecher zu Fuß führt zu den Burgruinen **Petit** und **Grand Geroldseck**.

▶ HAUT-KOENIGSBOURG (BURG)

Höhe: 757 m	Karte: G13
	Wanderung 11

Einen Eindruck vom Leben in einer mittelalterlichen Burg vermittelt die wiederaufgebaute Haut-Koenigsbourg.

Lage: Westlich von → **Sélestat** steht in beherrschender Lage auf einem Bergrücken die wiederaufgebaute Haut-Koenigsbourg, die per Auto am besten von → **Kintzheim** oder von St-Hippolyte aus zu erreichen ist.

Geschichte: Oberhalb der Kreuzung zweier wichtiger Handelsstraßen stand seit dem 12. Jh. eine Burg, an der ihrer strategisch günstigen Lage wegen mächtige Herren Interesse hatten. Trotz des im

15. Jh. vollzogenen Umbaus in eine Festung wurde die Burg im 30jährigen Krieg von den Schweden zerstört und verfiel. Um das Jahr 1900 ließ sie der deutsche Kaiser Wilhelm I., der eine Vorliebe für romantische Burgen hatte, in 10jähriger Bauzeit als Museum wiederaufbauen.

Sehenswert: Diese Mauern, Zinnen und Türme, die den perfekten Eindruck einer mittelalterlichen Burg vermitteln, sind folglich gerade etwa 100 Jahre alt und sicherlich nicht, wie manche Kritiker beanstanden, in jedem Detail historisch korrekt. Dennoch versetzen die Höfe und Wehrgänge, die komplett mit Möbeln und Waffen ausgestatteten Räume und Säle den Besucher zurück in das Mittelalter (täglich geöffnet außer Anfang Januar bis Anfang Februar; Mittagspause 12–13 Uhr, Juni–Sept. durchgehend geöffnet).

► HUNAWIHR

Höhe: 260 m	*Karte: G 14*
Einwohnerzahl: 550	*Wanderung 14*

Lage: Das Winzerdorf liegt an der → **Route du Vin** südlich von → **Ribeauvillé** inmitten von Weinbergen.

Geschichte: Im 7. Jh. ließ sich hier der Stammesherr Huno nieder, dem die Gründung der Kirche zugeschrieben wird. Seine Frau Huna, die der Legende nach die Wäsche der Kranken am Brunnen unterhalb der Kirche wusch, wurde hier beigesetzt und ihr Grab während des Mittelalters zu einem vielbesuchten Wallfahrtsort. Huna wurde 1520 heiliggesprochen.

Sehenswert: Burgähnlich wirkt die kleine **Kirche St-Jacques** mit dem massiven Kirchturm, dem ältesten Teil, und der **Wehrmauer** (12. Jh.), die der Bevölkerung bei Angriffen Schutz bot. Bis ins frühe 16. Jh. wurde mit dem Ziel, eine große Wallfahrtskirche zu schaffen, der Kirchenraum erweitert. Das Erdgeschoß des Turms (1492) wurde mit Fresken, einem spätgotischen Chor (1524) und einer steinernen Kanzel ausgestattet, die so angebracht wurde, daß der Prediger beim Betreten durch die Tragsäule gehen muß.

- **Parc des Cigognes** Tierpark außerhalb des Orts, in dem nicht nur mehr als 150 Störche, sondern auch heimische Fische, Wasservögel, Fischotter und Pinguine beobachtet werden können (1.4.–11.11. täglich 10–12 und 14–17, bzw. 18 oder 19 Uhr in der Hauptsaison; Vorführungen der fischenden Tiere 15 und 16, im Sommer auch 17 und 18 Uhr).
- **Jardin des papillons,** ein Gewächshaus, in dem rund 500 exotische Schmetterlinge frei zwischen den tropischen Pflanzen herumflattern (Öffnungszeiten wie Parc des Cigognes).

► KAYSERSBERG

Höhe: 240 m	*Karte: G 14/15*
Einwohnerzahl: 3000	*Wanderung 14*

Lage: Im Tal der Weiß, nordwestlich von → **Colmar**, liegt das Fachwerkstädtchen, das über die → **Route du Vin** erreichbar ist.

Geschichte: Durch das Tal der Weiß führte schon früh ein Verbindungsweg zwischen Rheinebene und Lothringen. Um diesen zu schützen, wurde im Auftrag des Stauferkaisers Friedrich II. 1227 eine Burg erbaut, zu deren Füßen sich die Siedlung entwickelte. Als Freie Reichsstadt trat diese 1354 dem Zehnstädtebund bei.

Sehenswert: Der schönste Blick auf diese mächtige **Burgruine** bietet sich von der Pont de la Weiß, einer **Sandsteinbrücke** (1514) mit Schießscharten und Brückenkapelle. Malerisch ist von hier auch der Blick auf mehrere Fachwerkhäuser, weshalb hier jederzeit photogra-

Als Ausgleich zu so viel Kultur: ein Besuch des Schwimmbads (Piscine Plein Soleil, 31, rue du Geisbourg) in Kaysersberg mit Sport- und Vergnügungsbecken, Sauna und türkischem Bad sowie großem Angebot an Aktivitäten.

phierende Touristen anzutreffen sind. Die Brücke ist leicht zu finden, liegt sie doch an der Rue du Général-de-Gaulle, der Hauptstraße, die sich der Länge nach durch die langgezogene Altstadt zieht. Alles, was sehenswert ist – neben historischen Gebäuden auch zahlreiche Souvenirgeschäfte, Weinläden und Lokale –, reiht sich hier aneinander: reich verzierte Fachwerkhäuser, die den einstigen Wohlstand der Stadt als Umschlagplatz für Wein bezeugen; die **Kirche Ste-Croix** mit romanischem Tympanon, übergroßer Christusfigur und sehenswertem Schnitzaltar (1518); die **Kapelle St-Michel** mit Beinhaus (1463) hinter der Kirche; das **Rathaus**, ein Renaissancebau (1604) mit Innenhof; das Haus Nr. 64, ein Steinhaus (1521), in dem das **Musée local historique** (Juli/Aug. täglich 10–12 und 14–18 Uhr) untergebracht ist; und, ziemlich weit am oberen Ende, das **Musée Albert Schweitzer** (126, Rue du Général-de-Gaulle, Mai–Okt. täglich), das an den 1875 in Kaysersberg geborenen und als »Urwalddoktor« berühmt gewordenen Albert Schweitzer erinnert. Insgesamt ein Städtchen, das mit seinen vielen Fachwerkhäusern auf Besucher recht anziehend wirkt, was sich wiederum auf den Charakter der Geschäfte und Lokale niederschlägt.

Ausflüge: Beliebtes Nahziel ist das Vallée de Kaysersberg, das sich zum Col de Bonhomme hinaufzieht und in welchem u. a. das Dorf **Lapoutroie** liegt mit dem **Musée des Eaux-de-vie** (ganzjährig täglich 9–12 und 14–18 Uhr). Nicht nur für Schnapskenner interessant ist dieses Museum, das in einer alten Posthalterstation eingerichtet wurde und wo man über die Schnapsherstellung in früheren Zeiten informiert wird. Selbstverständlich kann man auch Schnäpse des Museumbetreibers René de Miscault probieren und kaufen, wobei die Auswahl unter mehr als 30 verschiedenen Destillaten sicherlich schwer fällt.

Tourist-Info: Office de Tourisme, 39, Rue du Général-de-Gaulle, F-68240 Kaysersberg, Tel. 03 89 78 22 78, Fax 03 89 78 27 44.

▶ KIENTZHEIM

Höhe: 225 m   *Karte: G 15*
Einwohnerzahl: 1000

Lage: Winzerstädtchen an der → **Route du Vin**, nordwestlich von → **Colmar**.

Geschichte: Im Mittelalter befestigt wurde das Städtchen, das ehemals Hauptort der Herrschaft Hohlandsburg war und im 16. Jh. in

den Besitz des kaiserlichen Feldhauptmanns La-
zarus von Schwendi kam. 1944 wurde ein Drittel des Ortes durch Bomben zerstört.

Sehenswert: Dennoch lohnt sich ein Besuch des
noch recht ursprünglich wirkenden Winzerorts,
der, an der Route du Vin zwischen den vielbesuchten Orten → **Riquewihr** und → **Kaysersberg**
gelegen, manchmal übersehen wird. Man sollte
sich auch durch den »Lalli«, eine Fratze mit auf-
gerissenem Maul und beweglicher Zunge an der
Außenfassade des Unteren Tors, nicht ab-
schrecken lassen, Kientzheim genauer anzuse-
hen. Ein Spaziergang entlang der noch beinahe
vollständig erhaltenen Stadtmauer ist ebenso
reizvoll wie die Besichtigung der mitten im Ort
stehenden Wallfahrtskapelle (1470) mit einer beeindruckenden Sammlung an Ex-Voto-Bildern.
Ein Glas Wein an den Tischen rund um den hüb-

schen Ziehbrunnen vor der Hostellerie Schwendi ist eine angenehme
Einstimmung vor der Besichtigung des **Weinmuseums** (Musée du Vig-
noble et des Vins d'Alsace; Juni–Okt. täglich), das im Schwendi-
Schloß (16. Jh.) untergebracht ist und recht anschaulich über die Ge-
schichte des Weinbaus im Elsaß sowie die Arbeit in Weinberg und
Keller informiert.

Tourist-Info: Office de Tourisme de la Vallée de Kaysersberg, 39, Rue
du Général-de-Gaulle, F-68240 Kaysersberg, Tel. 03 89 78 22 78, Fax
03 89 78 27 44.

*Die Grimasse
des »Lalli«
am Stadttor
von Kientz-
heim sollte
seinerzeit auf
Angreifer ab-
schreckend
wirken.*

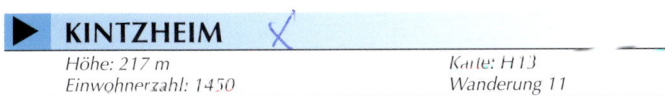

▶ **KINTZHEIM**

Höhe: 217 m	Karte: H 13
Einwohnerzahl: 1450	Wanderung 11

Lage: Das Winzerdorf Kintzheim liegt an der → **Route du Vin**, ca.
4 km westlich von → **Sélestat** und unterhalb der → **Haut-Koenigsbourg**, zu der von hier aus eine Straße hinaufführt.

Sehenswert: Ein paar Fachwerkhäuser sowie mehrere Weinstuben
fallen in dem Straßendorf auf, das den Touristenzuspruch in erster
Linie seiner Lage verdankt: Von hier ist es nicht weit zur Haut-Koenigsbourg sowie zu der einstigen Burg von Kintzheim (13. Jh.), die
oberhalb des Ortes in den Weinbergen steht.

Die malerische Ruine beherbergt eine **Greifenwarte (Volerie des Aigles)**, in der regelmäßig Flugvorführungen von Adlern, Falken und anderen Greifvögeln stattfinden (1.4.–30.9. 14–16 Uhr, 1.10.–11.11. nur Mi., Sa. und So.).

Ebenfalls in der Nähe liegt der **Affenberg (Montagne des Singes)**, wo mehr als 200 freilebende Berberaffen, die ursprünglich aus Nordafrika stammen, in einem Waldgelände beobachtet und gefüttert werden können.

Abwechslung für die ganze Familie bietet auch der »**Parc des Cigognes et Loisirs**« an der Route de Sélestat, wo man außer Störchen auch Fische in Aquarien beobachten kann (April–Sept. 10–19, März, Okt. und 1.–11. Nov. Mi., Sa. und So. 13–18 Uhr).

▶ LA PETITE PIERRE

Höhe: 339 m	Karte: D 5
Einwohnerzahl: 700	Wanderung 4

Lage: Nördlich von → **Saverne** zieht sich auf einem schmalen, felsigen Bergrücken das Städtchen La Petite Pierre (Lützelstein) entlang, das im **Parc Naturel Régional des Vosges du Nord** liegt.

Bis 1958 waren die an den Fels gebauten Höhlenwohnungen in Graufthal bewohnt.

Geschichte: Keimzelle des Städtchens war die Burg, die im 12. Jh. an der Spitze des nur 240 m langen und 80 m breiten Felsrückens zur Überwachung der sich hier kreuzenden wichtigen Wege erbaut wurde. Wegen ihrer strategisch günstigen Lage wurde die Burg immer wieder belagert, das Städtchen deshalb ebenfalls befestigt und 1675 die Burg zu einer Festung ausgebaut, in der bis 1870 französische Soldaten stationiert waren. Die noch erhaltenen Bollwerke stammen aus dem 18. Jh.

Sehenswert: Heute besteht das Städtchen aus zwei Teilen: der tiefer gelegenen Neustadt mit Rathaus und einigen Hotels, von denen sich ein schöner Blick auf die gegenüberliegende Altstadt, das **Staedtel**, bietet. Wer sich dieses Mini-Städtchen anschauen will, muß zu Fuß gehen, denn die Rue du Château, die Hauptstraße, von der nur einige kurze Nebensträßchen abgehen, ist den Anliegern vorbehalten. An der Rue du Château, die auf das Schloß zuführt, liegt die **Chapelle St-Louis**, 1685 erbaut für die katholischen Soldaten Ludwigs XIV., heute elsässisches Siegelmuseum (Juli–Sept. täglich außer Mo. 10–12 und 14–18 Uhr, sonst nur So.), das anhand von Original-Siegeln die Geschichte der Region erläutert. Nur wenig entfernt steht die **Kirche Mariae Himmelfahrt** (1418), in der die Fresken im Chor sehenswert sind und wo seit 1737 sowohl protestantischer als auch katholischer Gottesdienst abgehalten wird.

Im renovierten **Schloß** veranschaulicht die Ausstellung »Das Abenteuer Nordvogesen« in 6 Sälen die Geschichte des Schlosses, Videofilm und Diashow informieren über Landschaft, Flora und Fauna des Naturparks Nordvogesen. Die Texte sind auch auf deutsch (täglich 10–12 und 14–18 Uhr). Im **Museum für Kunst und Volkskunde** werden vor allem Backformen, insbesondere Springerle-Formen gezeigt (Öffnungszeiten wie Siegelmuseum).

Einen Ausflug lohnt das nur wenige Kilometer südlich gelegene Dorf **Graufthal** mit den in die Felsen gehauenen **Höhlenwohnungen** (maisons troglodytiques), die im 18. Jh. erbaut und bis 1958 bewohnt wurden.

▶ LEMBACH

Höhe: 190 m   *Karte: H 3*
Einwohnerzahl: 1800

Lage: Den am Fuß der Nordvogesen gelegenen Ort erreicht man von
→ **Wissembourg** aus auf der D 3.

Geschichte: An der Kreuzung römischer Handelsstraßen entstand die Siedlung, die im Mittelalter jahrhundertelang den in der nahegelegenen Burg residierenden Herren von Fleckenstein gehörte, welche hier an den Flüßchen Sauer und Heimbach Sägewerke und Mühlen erbauen ließen. So errang der Ort einige Bedeutung, und in der ersten Hälfte des 19. Jh. lebten hier mehr Einwohner als heute.

Kost und Logis: Zum Übernachten empfiehlt sich das Hotel Au Heimbach** (15, rue de Wissembourg, Tel. 03 88 94 43 46), zum Schlemmen die gegenüberliegende Auberge du Cheval Blanc** (4, rue de Wissembourg, Tel. 03 88 94 41 86), ein Feinschmeckerlokal in den Räumen einer ehemaligen Poststation.

Sehenswert: Blumengeschmückte Fachwerkhäuser, ein alter Waschplatz an der Sauer, die Kirche, im 13. Jh. als Wehrkirche erbaut, mit sehenswerter Kanzel aus Buntsandstein – Spektakuläres hat Lembach nicht zu bieten, doch der ruhige Ort eignet sich gut als Stützpunkt für Wanderungen zu den **Burgruinen** in der Umgebung: → **Fleckenstein**, Hohenbourg, Loewenstein und Froensbourg.

Am Ortsrand liegt die Bunkeranlage **Four à Chaux**, die zwischen 1930 und 1935 erbaut wurde als eine von mehreren entlang der Maginot-Linie, der französischen Verteidigungslinie. Zu sehen sind unterirdische Gänge, ausfahrbare Geschütztürme und Kampfstände (Tel. 03 88 94 48 62; tägliche Führungen Mitte März–Mitte Nov.).

Tourist-Info: Syndicat d'Initiative, 23, Route de Bitche, F-67510 Lembach, Tel. 03 88 94 43 16.

 **LINGEKOPF**

Höhe: 985 m   *Karte: F 15*

Unweit des Col du Wettstein kann man in der wiederaufgebauten Ferme Auberge Glasborn-Linge die Aussicht bei Sauerkraut oder Munsterkäse genießen (Ostern–1. Nov., Mo. geschlossen).

Lage: Der Lingekopf, in den Hochvogesen nördlich von Munster gelegen, kann vom → **Vallée de Munster**, von der → **Route des Crêtes** oder von → **Turckheim** aus angefahren werden.

Sehenswert: Nur wenige Kilometer voneinander entfernt ruhen heute Zehntausende von Soldaten: deutsche auf dem **Soldatenfriedhof Hohrod** am Baerenstall, französische auf dem **Cimetière Militaire Col du Wettstein**. Gekämpft haben sie alle an dem zwischen den Friedhöfen liegenden **Lingekopf** (le Linge), über den während des Ersten Weltkriegs die Frontlinie verlief. In einem gnadenlosen Stellungskrieg lagen sich die gegnerischen Einheiten in den Schützengräben gegenüber, nur wenige Meter voneinander entfernt. Weiße und schwarze Kreuze zwischen den Stacheldrahtverhauen und Unterständen erinnern ebenso wie die persönlichen Dinge der Soldaten, die in dem kleinen **Museum** (Mitte April–Anfang Nov. 9–12.30 und 14–18 Uhr) ausgestellt sind, auf eindrucksvolle Weise an diesen Krieg.

▶ **MARMOUTIER**

Höhe: 230 m   *Karte: D 7*
Einwohnerzahl: 2000   *Wanderung 5*

Lage: Marmoutier liegt wenige Kilometer südlich von → **Saverne** am Fuß der Vogesen an der N 4. Busverbindung besteht zwischen Saverne und Marmoutier.

Geschichte: Iro-schottische Mönche gründeten hier bereits im 6. oder 7. Jh. ein Kloster, das im 8. Jh. durch einen Abt namens Maurus ausgebaut wurde. Von diesem leitet sich der einstige deutsche Ortsname Maursmünster ab. In der Blütezeit des Klosters zwischen dem 11. und 14. Jh. entstand die **Kirche St-Martin.**

Sehenswert: Eindrucksvoll ist die wuchtige **Fassade** dieses Sandsteinbaus mit dem romanischen Teil – Fassade, Vorhalle und drei Türme –, der sich deutlich vom gotischen Schiff abhebt. Im Innenraum fallen vor allem das Chorgestühl (1770) sowie eine Silbermann-Orgel (1709) auf. In der **Krypta** wird anhand von Fundamentmauern, Grabbeigaben und Sarkophagen, die hier gefunden wurden, die Geschichte der Kirche dargestellt.

Um den **Kirchplatz** gruppieren sich stattliche ehemalige Stiftshäuser (17./18. Jh.), während die Gebäude entlang der Hauptstraße eher bäuerlich wirken. In einem der Häuser informiert ein kleines **Heimatmuseum** (1.5.–31.10. sonn- und feiertags 10–12 und 14–18 Uhr) über das frühere Alltagsleben.

Tourist-Info: Office de Tourisme, 6, place du Général de Gaulle, F-67440 Marmoutier, Tel. 03 88 71 46 84, Fax 03 88 71 44 07.

Wuchtig wirkt die im romanischen Stil erbaute Fassade der Kirche St-Martin in Marmoutier.

▶ MONT STE-ODILE

Höhe: 763 m	*Karte: D 10*
	Wanderung 8

Lage: Am östlichen Rand der Vogesen erhebt sich der Mont Ste-Odile (Odilienberg), auf dem sich das bekannteste Kloster des Elsaß befindet. Das Kloster kann sowohl von → **Obernai** als auch von Barr aus mit dem Auto angefahren werden. Busverbindung → **Strasbourg** – Ottrott-Kloster ganzjährig jeweils sonn- und feiertags; Anfang April–Anfang Nov. zweimal täglich.

Geschichte: Das felsige Bergplateau war, wie Funde belegen, bereits einige Jahrhunderte v. Chr. besiedelt. Ob aus dieser Zeit (10.–8. Jh. v. Chr.) auch die sogenannte **Heidenmauer** (Mur Païen) stammt, welche die gesamte Hochfläche einst umschloß, ist ungeklärt. Sicher ist jedoch, daß dieses gewaltige Bauwerk in vorchristlicher Zeit entstand und über Jahrhunderte genutzt wurde. Die Römer verbesserten den Zugang und nutzten den Berg als Beobachtungsposten. Die Merowinger bestatteten ihre Toten (5./6. Jh. n. Chr.) inner-

Leben im Wasser Eine Attraktion ganz anderer Art bietet das am Fuß des Mont Ste-Odile gelegene Ottrott-le-Bas: Im Aquarium Les Naïades kann man sich über alle Arten von Gewässern informieren und die dazugehörigen Tiere beobachten, u.a. 3000 Fische, Schildkröten, Krokodile, Haie (täglich 9.30–18.30 Uhr; Tel. 03 88 95 90 32).

halb der Mauer und nannten den Berg Hohenbourg. Ende des 7. Jh. schenkte der elsässische Graf Eticho das Bergplateau seiner Tochter **Odilia**, die dort ein Frauenkloster gründete. Die Legende erzählt, daß sie blind geboren worden sei, aber das Augenlicht erlangte, als sie sich taufen ließ. Bereits im 10. Jh. breitete sich der Odilienkult aus, kamen Pilger hierher, um an ihrem Grab zu beten, was auch heute noch praktiziert wird – trotz zwischenzeitlicher Zerstörungen und gar Verkauf des Bergs. Mitte des 19. Jh. wurde das einstige Kloster zu einer Tagungs- und Wallfahrtsstätte ausgebaut.

Sehenswert: Rund eine Million Menschen pro Jahr statten dem Kloster einen Besuch ab, sei es der phantastischen Aussicht oder des Besuchs der heiligen Stätte wegen. Besonders zahlreich sind die Pilger am Todestag der Heiligen (13. Dez.), am Montag nach Ostern und Pfingsten, am 1. Sonntag im Juli und an Mariae Himmelfahrt. Aber auch an anderen Tagen geht es lebhaft zu in dem großen Hof, in der einfachen Cafeteria, im Restaurant, das zur Hostellerie gehört, auf der Aussichtsterrasse, in den beiden Kapellen, **Tränenkapelle** und **Engelskapelle**, beide im 20. Jh. mit Goldmosaiken ausgeschmückt. Ruhe herrscht nur im Kreuzgang sowie in der **Klosterkirche** (17. Jh.), wo die ständige Anbetung durch jeweils zwei Gläubige aus den Gemeinden der Umgebung stattfindet. An die Kirche schließen sich die romanische **Kreuzkapelle** (11. Jh.) an und die **Odilienkapelle** (11. Jh.) mit dem Sarkophag der heiligen Odilia.

Ein kurzer Spaziergang (**Chemin de la Croix**) führt von der einstigen »Chapelle des Rochers« (am Beginn des obersten Parkplatzes) an Kreuzwegstationen – farbige Reliefs auf den Sandsteinfelsen – sowie am kleinen Friedhof vorbei zur »Grotte des Lourdes«. Ein weiterer Pfad führt hinunter zur **Odilienquelle**, die am Hang unterhalb des Klosters entspringt (hin und zurück ca. 20 Min.)

Nicht versäumen sollte man einen Blick auf die stellenweise noch zwei Meter hohe und breite sowie ca. 10 km lange, mindestens 2500 Jahre alte **Heidenmauer** (z. B. am Parkplatz des »Tumuli« an der Anfahrtsstrecke von Barr über die Landstraße D 426). Rund 300 000 Steinblöcke wurden behauen und aufeinandergeschichtet, einige durch schwalbenschwanzartige, in Kerben eingelegte Holzzapfen miteinander verbunden.

MULHOUSE

Höhe: 240 m   *Karte: G/H 19/20*
Einwohnerzahl: 115000

Lage: Im südlichen Teil der elsässischen Ebene gelegene Großstadt, die per PKW auf der A 35 und per Bahn (Station an der Linie → **Strasbourg**–Lyon) erreichbar ist.

Geschichte: Eine Mühle an der Ill soll die Keimzelle der Siedlung gewesen sein, die 1308 Freie Reichsstadt und Mitte des 15. Jh. freie Republik wurde. Als solche verbündete sie sich 1515 mit den Schweizer Kantonen und wechselte erst 1798 zur Französischen Republik über. Mitte des 18. Jh. gründeten drei Bürger eine Stoffdruckerei, womit die Entwicklung der Stadt zu einem bedeutenden Industriestandort begann. Textilindustrie, chemische Industrie sowie Metall- und Maschinenbauindustrie ließen sich hier nieder.

Sehenswert: Sieben technische Museen informieren heute über die einzelnen Bereiche: das **Stoffdruckmuseum** (Musée de l'Impression sur Étoffes), das bereits 1833 als erstes technisches Museum der Welt entstand; das **Automobilmuseum** (Musée National de l'Automobile)

mit 500 Autos aus allen Epochen, gesammelt von den Brüdern Schlumpf, Textilfabrikanten aus Mulhouse; das **Eisenbahnmuseum** (Musée Français du Chemin de Fer) zeigt 150 Jahre Eisenbahngeschichte; das **Tapetenmuseum** (Musée du Papier Peint) ist untergebracht in einer einstigen Tapetenmanufaktur; das **Elektrizitätsmuseum** (Électropolis) stellt sehr anschaulich die

Ein »Muß« für jeden Liebhaber von Oldtimern, das Automobilmuseum in Mulhouse.

Geschichte und die sozialen Auswirkungen des Stroms auf die Gesellschaft dar; das **Feuerwehrmuseum** (Musée du Sapeur-Pompier) informiert über die Geschichte der städtischen Feuerwehr; das **Keramikmuseum** (Maison de la Céramique), untergebracht in einer ehemaligen Ziegelei, gibt einen Überblick über die zeitgenössische Keramik. Die meisten Museen kann man mit der Tram Linie 17 vom Bahnhof aus erreichen.

In der **Altstadt**, in der Fachwerkidylle fehlen und statt mittelalterlicher Türme das markante Hochhaus Tour de l'Europe das Bild bestimmt, sind dennoch die engen Sträßchen (heute weitgehend Fußgängerzone) erhalten, und zwar im einstigen Händler- und Handwerkerviertel rund um den **Place de la Réunion**. An diesem zentralen Platz fällt das **Rathaus** (15. Jh.) mit seiner bemalten Fassade auf sowie die Kirche

Temple St-Etienne (1866), in der die von einem Vorgängerbau übernommenen Glasmalereien (14. Jh.) sehenswert sind.

Weitere Sehenswürdigkeiten sind der Zoo, das Aquarium Tropical sowie, einige Kilometer nördlich der Stadt, das → **Écomusée**.

Tourist-Info: Office de Tourisme, 9, avenue Foch, F-68100 Mulhouse, Tel. 03 89 35 48 48, Fax 03 89 45 66 16.

▶ OBERNAI

Höhe: 181 m	Karte: E10
Einwohnerzahl: 10000	Wanderung 8

Lage: Das Weinstädtchen liegt an der → **Route du Vin**, wenige Kilometer nordöstlich des → **Mont Ste-Odile**. Station an der Bahnlinie → **Sélestat** –→ **Strasbourg**.

Geschichte: Merowingische Könige, so nimmt man an, gründeten die Siedlung, in welcher die Hl. Odilia geboren worden sein soll. Im 13. Jh. stieg die Siedlung auf zur Reichsstadt, wurde befestigt und Mitglied des Zehn-Städtebunds Dekapolis.

In Obernai gibt es drei Geschäfte mit verführerischer Auswahl an Pralinen, Schokolade, Eis und Gebäck: Schaefer, Gross, das bekannteste, und Urban mit »salon de thé«.

Sehenswert: Die Vielzahl an Hotels, Restaurants und Souvenirgeschäften macht es überdeutlich: Besucher mögen die mittelalterlich anmutende Altstadt. Sie sitzen in den Straßencafés am zentralen **Place du Marché** mit Blick auf das **Kornhaus** (1554), das **Rathaus** (15.–17. Jh.), den **Kapellturm**, malerischer Überrest einer gotischen Kirche, die Fachwerkhäuser sowie den Odilienbrunnen. Sie bewundern in einer Seitenstraße den prächtigen **Sechseimerbrunnen** (1554), schlendern, vorbei an kleinen Geschäften, durch die zur Fußgängerzone erklärte enge Rue du Marché, werfen am Ende der Straße am Tour du Swal einen Blick auf die **mittelalterliche Stadtbefestigung**, kaufen in den Geschäften in der Rue du Général-Gouraud ein, welche einmal die Stadt durchquert und zum hübschen **Place de l'Eglise** führt.

Tourist-Info: Office du Tourisme, Place du Beffroi, F-67210 Obernai, Tel. 03 88 95 64 13, Fax 03 88 49 90 84.

▶ ORTENBOURG (BURGRUINE)

Höhe: 444 m	Karte: H12
	Wanderung 10

Lage: Die Burgruine erhebt sich am Eingang zum Val de Villé, westlich von → **Sélestat**. Sie ist nur zu Fuß erreichbar; kürzester Anmarsch vom Hotel-Restaurant Huhnelmuhle westlich von Scherwiller.

Geschichte: Um das Jahr 1000 erbaute der Graf von Ortenbourg eine erste Burg, die im 13. Jh. vergrößert wurde durch Rudolf von Habsburg, späterer deutscher König. Dessen Tod nahm sein Gegenspieler zum Anlaß, die Burg zu belagern. Er ließ wenige hundert Meter unterhalb der Ortenbourg die **Burg Ramstein** erbauen (1293) und konnte so die Ortenbourg zerstören. 1314 wurde sie wieder aufgebaut und an ein reiches Straßburger Bürgergeschlecht verkauft, das sich später des Straßenraubs schuldig machte, woraufhin ihnen die Burg 1470 abgenommen wurde. Im 30jährigen Krieg wurde sie durch die Schweden zerstört.

Sehenswert: Auf einem hellgrauen Granitfelsen thront die gut erhaltene Burg, die durch einen tiefen Graben vom Bergrücken abgetrennt ist. Imposant ist der 32 m hohe, fünfeckige **Bergfried**, der durch eine später erbaute, 16 m hohe, abschreckend wirkende Mauer nochmals geschützt ist. Der Zugang zum Bergfried befindet sich in 7 m Höhe und war über eine Zugbrücke vom Palas aus zu erreichen. Hier konnten sich die Burgbewohner verschanzen, selbst wenn der Feind schon im Burghof stand. Großartig ist der weite Blick auf die Burgruine Ramstein, die → **Haut-Koenigsbourg**, das Val de Villé und auf die elsässische Ebene.

Beeindruckend sind selbst noch die Mauerreste der Ortenbourg: der Palas mit gotischen Fensteröffnungen und der fünfeckige Bergfried.

▶ RIBEAUVILLÉ

Höhe: 240 m	*Karte: G14*
Einwohnerzahl: 4500	*Wanderung 1, 2, 14*

Lage: Nordwestlich von → **Colmar** an der → **Route du Vin** gelegenes Winzerstädtchen. Station an der Bahnlinie → **Strasbourg**–→ **Mulhouse**, jedoch liegt der Bahnhof 3 km außerhalb. Busverbindung Colmar Ribeauvillé.

Geschichte: Oberhalb des heutigen Orts erbaute sich im 11. Jh. der Ahnherr der später einflußreichen Familie Rappoltstein (Ribeaupierre) eine erste Burg, der zwei weitere folgten. Diese mittelalterlichen Gemäuer verließen die Herren jedoch im 16. Jh. und errichteten in der Stadt, die sich unterhalb der Burgen entwickelt hatte, ein Schloß (heute Schule), wo sie bis zur Revolution (1789) residierten.

Sehenswert: Gut zu sehen sind diese Burgruinen immer wieder von der **Grand'Rue** aus, der belebten Hauptstraße, welche das gesamte Städtchen durchzieht. An ihr liegen mehrere kleine Plätze mit

Straßencafés sowie alle wichtigen Sehenswürdigkeiten: Fachwerkhäuser wie das prachtvolle Haus Nr. 14, das **Pfeifferhaus**, in dem sich eine renommierte Weinstube befindet; das **Rathaus** (18. Jh.), in dem ein kleines Museum untergebracht ist, u. a. mit Exponaten

Stoffdruck hat Tradition in Ribeauvillé. In der Fabrikboutique der renommierten Firma Beauvillé können bedruckte Stoffe, verarbeitet zu Tischdecken und Servietten, gekauft werden (19, route de Ste-Marie-aux-Mines, täglich geöffnet, Okt.–Mai Sa. und So. geschlossen).

zum Stoffdruck (Mai–Okt. täglich außer Mo. und Sa. 10–12 und 14–15 Uhr); der **Metzgerturm**, der die Grenze markiert zwischen einstiger Unter- und Oberstadt; und in einer Seitenstraße die gotische **Kirche St-Grégoire** (13.–15 Jh.) mit schönem Ölberg. Was den eigentlichen Reiz des Städtchens jedoch ausmacht, das sind die vielen kleinen Geschäfte, die »Pâtisseries« und »Traiteurs«, die Restaurants und die idyllischen Ecken.

Tourist-Info: Office de Tourisme, 1, Grand'Rue, F-68150 Ribeauvillé, Tel. 03 89 73 62 22, Fax 03 89 73 23 62.

▶ RIQUEWIHR

Höhe: 295 m	Karte: G 14
Einwohnerzahl: 1200	Wanderung 14

Lage: Viel besuchtes Winzerstädtchen an der → **Route du Vin**, zwischen → **Ribeauvillé** und → **Kaysersberg**.

Geschichte: Der erste Mauerring um das Städtchen entstand 1291, der zweite um 1500, weil der damalige Stadtherr das Verteidigungssystem stärken wollte, waren doch auch andere Machthaber an dem reichen Städtchen interessiert. Durch den Handel mit Wein war Riquewihr zu Wohlstand gekommen, der während der Renaissance (16. Jh.) im Bau prächtiger Häuser Ausdruck fand.

Sehenswert: Von den beiden Weltkriegen blieb das Städtchen verschont, weshalb sich das Stadtbild seit jener Blütezeit kaum verändert hat. Durch das Obere Tor (Rest des zweiten Mauerrings) betritt man von Westen her die Stadt, die noch vollständig von der ersten Mauer umgeben ist, an die inzwischen Häuser angebaut wurden. Der **Wachturm Dolder** (Historisches Museum, mit schönem Blick auf die Stadt; Juli–Sept. täglich geöffnet) dominiert noch immer die kopfsteingepflasterte Hauptstraße, die **Rue du Général-de-Gaulle**, von der schmale verwinkelte Gassen abgehen, die häufig als Sackgasse an der Mauer enden. Der Reiseverkehr muß deshalb draußen bleiben, was ange-

Von Anfang Juli bis Ende August finden jeweils freitags um 22 Uhr am Dolder sogenannte Ton- und Lichtschauspiele (son et lumière) statt.

sichts der Besuchermassen – ca. 20 000 an einem Sommersonntag – unbedingt notwendig ist. Nahezu unbehelligt von Autos kann man so die Fassaden der Häuser betrachten: die Erker, geschnitzten Eckpfosten, Renaissance-Fenster und Handwerkerembleme an den Türstürzen. Besonders schöne Häuser sind das **Schickhardt-Haus** (1606) mit Volutengiebel und prächtigem Eingangsportal; der **Storchenhof** (1603) mit Innenhof und Brunnen (heute teilweise Museum mit Bildern des äußerst populären elsässischen Karikaturisten Jean-Jacques Waltz, genannt Hansi; April–Dez. täglich); das **Gourmet-Haus** (1686) mit reich geschnitzter Fassade und einem von Hansi entworfenen Schild. Am unteren Ende der Hauptstraße steht das einstige Schloß der Herzöge von Württemberg, zwischen dem 14. und 18. Jh. Herren der Stadt. Im Schloß informiert das **Postmuseum**, im einstigen Pferdestall das **Postkutschenmuseum** (April–Mitte Nov. täglich außer Di.) über die Geschichte der Post. Ein weiteres Museum befindet sich im **Diebsturm**, wo u. a. Folterinstrumente gezeigt werden (Tour des Voleurs, rue des Juifs; April–Nov. täglich).

Riquewihr ist ein Städtchen wie aus dem Bilderbuch. Die Stadtmauer mit Türmen und Toren ist noch erhalten.

Rund 25 Winzer bieten in Riquewihr ihre Weine an, u. a. die beiden traditionsreichen Häuser Dopff et Irion und Hugel et Fils.

▶ ROUFFACH

Höhe: 205 m	*Karte: G 17*
Einwohnerzahl: 5000	*Wanderung 21*

Lage: Am südlichen Abschnitt der → **Route du Vin**, ca. 20 km südlich von → **Colmar**. Station an der Bahnlinie → **Strasbourg**–→ **Mulhouse**.

Geschichte: Über mehrere Jahrhunderte war Rouffach Verwaltungsort für die am Oberrhein gelegenen Besitztümer der Straßburger Fürstbischöfe. Diese ließen im 13. Jh. Stadtbefestigungen anlegen, welche auch die oberhalb der Stadt gelegene **Isenbourg** (heute Luxushotel) einschlossen.

Sehenswert: Von der Stadtbefestigung blieb nur ein einziger Wehrturm, der Hexenturm, erhalten, dennoch lohnt das hübsche ruhige Städtchen, an dem viele Durchreisende vorbeifahren, einen Besuch. Zentrum ist der weitläufige **Place de la République** mit einem malerischen Gebäudeensemble, bestehend aus Kornhaus (16. Jh.) mit Treppengiebel, altem Rathaus (15./18. Jh.) mit doppeltem Volutengiebel, einstigem Zinshof (18. Jh.) und dem zinnenbewehrten Hexenturm (13. Jh.), der als Gefängnis diente. Mitten auf dem Platz steht die gewaltige Kirche **Notre-Dame-de-l'Assomption**, mit deren Bau im 11. Jh. begonnen wurde. Um- und Ausbauten zwischen dem 12. und 15. Jh. führten dazu, daß die Kirche, die als eine der bedeutendsten des Elsaß gilt, sowohl romanische als auch gotische Stilelemente aufweist. Rund um den Platz stehen in den engen Gassen vorwiegend Bürgerhäuser aus dem 16./17. Jh.

Tourist-Info: Office de Tourisme, 8, place de la République, F-68250 Rouffach, Tel. 03 89 78 53 15, Fax 03 89 49 75 30.

▶ ROUTE DES CRÊTES (KAMMSTRASSE)

Höhe: 950–1343 m	*Wanderungen 13, 15, 18, 20, 26*

Lage: Diese durch äußerst reizvolle Landschaft führende Straße folgt auf gut 100 km Länge dem Kamm der Vogesen zwischen dem Col du Bonhomme (Anfahrt von Ste-Marie-aux-Mines) und dem → **Hartmannswillerkopf**, von wo sie hinunterführt nach Cernay.

Entlang der Route des Crêtes bieten zahlreiche Fermes Auberges Gästen einfache Gerichte an.

Geschichte: Während des Ersten Weltkriegs wurde von französischer Seite aus diese Höhenstraße erbaut, um den Nachschub und militärische Bewegungen entlang der durch die Vogesen verlaufenden Frontlinie zu erleichtern.

Sehenswert: Großteils durch Wald verläuft der nördliche Abschnitt bis zum Col du Calvaire, über Hochweiden der südliche Abschnitt, der insbesondere zwischen dem Col de la Schlucht, mit 1139 m der höchstgelegene Paß, und Le Markstein an Sonntagen stark befahren ist. Denn hier bieten sich grandiose Ausblicke, und hier liegen unweit der Straße zahlreiche → **Fermes Auberges**, einfache Bergbauernhöfe, die Gäste bewirten. Nahe der Passhöhen (Cols), die beliebte Rastplätze sind, warten Restaurants, manchmal auch Souvenirgeschäfte, auf Besucher. Phantastische Ausblicke bieten sich am **Gazon du Faing**, der durch einen kurzen Spaziergang von der Ferme Auberge Gazon du Faing aus erreichbar ist, vom **Grand Hohneck** (1363 m), zu dem eine Straße hinaufführt, und vom **Grand Ballon** (1424 m), dem höchsten Vogesenberg, zu dem man vom Restaurant Chalet du Grand Ballon aus hinaufsteigt.

Die einzigartige Flora in dieser Höhenregion kann man im **Jardin d'Altitude du Haut-Chitelet** ausgiebig bewundern, einem Alpengarten südlich des Col de la Schlucht (Anfang Juni–Mitte Okt. täglich). Die Schrecken des Ersten Weltkriegs offenbaren das Gräberfeld, die Krypta und die verfallenen Stellungen am → **Hartmannswillerkopf**. Zwei der unterhalb des Vogesenkamms gelegene Karseen, **Lac Blanc** und **Lac Noir**, erreicht man durch einen kurzen Abstecher vom Col du Calvaire aus.

▶ ROUTE DU VIN D'ALSACE (WEINSTRASSE)

Höhe: 190–340 m	*Wanderungen 8, 11, 14, 21*

Lage: An der Ostseite der Vogesen verläuft die 170 km lange, ausgeschilderte Touristenstraße, welche rund 100 pittoreske Städtchen und Winzerdörfer zwischen Marlenheim im Norden und → **Thann** im Süden miteinander verbindet.

Sehenswert: Bekannt sind vor allem die Orte zwischen Molsheim und Eguisheim, wo Bilderbuchstädtchen und -dörfer liegen wie → **Obernai**, Mittelbergheim, Andlau, Ittersswiller, → **Dambach-la-Ville**, → **Bergheim**, → **Ribeauvillé**, → **Riquewihr**, → **Kaysersberg**, Niedermorschwihr, → **Turckheim** und Eguisheim. 19 **Weinpfade** (sentiers viticoles) bieten die Möglichkeit, auch durch die Weinberge zu wandern und sich über den Weinanbau zu informieren. Die Arbeit im Weinberg und die Geschichte des Weinanbaus stellt auch das **Elsässische Weinmuseum** in → **Kientzheim** dar, und zu Weinanbau und Geologie informiert eine **Ausstellung im Hexenturm** in Thann. Wein zu kaufen ist in jedem Ort möglich, entweder in den örtlichen Weinkellereien (cave vinicole) oder direkt beim Winzer, wo oftmals in uriger Atmosphäre Weinproben angeboten werden.

▶ SAVERNE

Höhe: 210 m	*Karte: D 6*
Einwohnerzahl: 11000	

Lage: Am Fuß der Vogesen liegt die Kleinstadt Saverne, durch die der Canal de la Marne au Rhin fließt. Saverne ist per Bahn (Linie → **Strasbourg**–Sarrebourg) und per Bus (Linie Strasbourg–Saverne) zu erreichen.

Geschichte: Nur etwa 4 km breit und nicht viel mehr als 400 m hoch sind die Nordvogesen hier, weshalb schon früh ein wichtiger Übergangsweg hindurchführte und sich am Fuß der Berge eine Siedlung entwickelte. Anfang des 1. Jh. errichteten die Römer eine Art Raststätte, eine »Taberna«, was der späteren Stadt ihren Namen gab. Im 12. Jh. bauten die Straßburger Bischöfe die Stadt zum Bollwerk gegen das benachbarte Lothringen aus. Oberhalb der Stadt entstand die Burg → **Haut-Barr**, in der Stadt eine weitere, die sich später, als die Bischöfe von Strasbourg vorzugsweise hier residierten, zum heutigen Château des Rohan entwickelte.

Sehenswert: Beeindruckendstes Gebäude der gemütlichen Kleinstadt

ist bis heute das **Château des Rohan** (18. Jh.), so genannt nach seinem Erbauer, dem Fürstbischof Rohan. 140 m lang ist die monumentale Fassade des Schlosses, das weder vollendet noch in seiner eigentlichen Funktion benutzt wurde, mußte der Bischof doch infolge der Französischen Revolution 1790 die Stadt verlassen. Heutiger Eigentümer ist die Stadt, die hier u. a. eine Jugendherberge und zwei Museen einrichtete: das **Stadtmuseum** mit archäologischer und geschichtlicher Abteilung sowie das **Museum Louise Weiss** (beide Juni–Sept. täglich außer Di. 10–12 und 14–18 Uhr, März–Mai und Okt., Nov. nur 14–17 Uhr).

Mitten durch die Altstadt von Saverne verläuft der Rhein-Marne-Kanal, der bei Freizeitkapitänen höchst beliebt ist.

Vor dieser beeindruckenden Fassade liegen Freizeitboote auf dem **Rhein-Marne-Kanal** vor Anker, der mitten durch die Stadt verläuft. An einer Schleuse warten Lastkähne und Hausboote, beobachtet von den Gästen des Straßencafés am Ufer des Kanals. Hier kreuzt die **Grand'Rue** – teilweise Fußgängerzone –, an der kleine Geschäfte sowie zwei renommierte Weinstuben, »La Carpe d'Or« und »Taverne Katz« liegen. Letztere ist nicht zu übersehen, befindet sie sich doch in dem auffälligsten Gebäude in der Fußgängerzone, einem überaus prächtigen Fachwerkhaus (1605), dem Haus Nr. 80, nach seinem Erbauer, dem Steuereinnehmer des damaligen Bischofs, **Maison Katz** genannt. Ebenfalls bemerkenswerte Häuser sind die Häuser Nr. 70, 76 und 78.

Nicht weit von der Grand'Rue ist es zum ehemaligen **Kloster der »Récollets«** (14. Jh.) in der Rue du Poincaré. In den Klostergebäuden sind

Schulen untergebracht, doch der schöne Kreuzgang und die schlichte Kirche können betreten
werden. Besichtigen kann man auch die **Église de
la Nativité** am Place de l'Église, einem hübschen
Platz mit Brunnen und altem Schloß (17. Jh.). Romanisch ist der Glockenturm, gotisch sind Schiff
und Chor, spätgotisch die Glasmalereien in der
Marienkapelle, einer Seitenkapelle.

Radtouren Im Touristenbüro
ist Informationsmaterial zu
den von Saverne aus mar-
kierten Radrundtouren er-
hältlich. Besonders reizvoll
und zugleich mühelos ist
die Tour entlang des Canal
de la Marne au Rhin zum
Plan incliné (Schiffshebewerk) bei St-Louis.

 ## ▶ SCHAUENBERG (WALLFAHRTSKIRCHE)

Höhe: 412 m   *Karte: G 17*
                                                Wanderung 21

Lage: Am bewaldeten Hang der Vogesen-Vorberge oberhalb des an
der südlichen → **Route du Vin** gelegenen Winzerdorfs Pfaffenheim.
Geschichte: 1483 soll sich, so die Legende, in der einstigen Einsiedelei mit Kapelle ein Wunder ereignet haben, was zur Folge hatte, daß
fortan Gläubige zum Schauenberg pilgerten. Ende des 17. Jh. mußte
die Kapelle vergrößert und die wachsende Zahl der Pilger betreut
werden.
Sehenswert: Aufgrund des großen Zulaufs wurde ein kleines **Kloster**
erbaut, in das Franziskaner einzogen, ein Garten sowie ein **Kreuzweg**
angelegt, der von Pfaffenheim noch heute hinaufführt. Auch aus den
umliegenden Orten Gueberschwihr, → **Rouffach**, Westhalten, Osenbach und Soultzmatt zogen die Wallfahrer in Prozessionen auf den
Schauenberg, um vor dem **Gnadenbild**, einer geschnitzten Mutter-
gottes (um 1695), in der schlichten Kirche Notre-Dame du Schauenberg um Beistand zu bitten – eine Tradition, die auch heute noch Be-
stand hat.
Betreut werden die Wallfahrer heute durch Angehörige des nahegelegenen Couvent St-Marc im Pilgersaal, wo jedermann sich stärken
kann. Herrlich ist vor allem der **Blick von der Terrasse** auf die Weinberge, auf Pfaffenheim und die Elsässische Ebene.

 ## ▶ SÉLESTAT

Höhe: 175 m   *Karte: H 13*
Einwohnerzahl: 16000   *Wanderung 10*

Lage: Die Stadt liegt in der Ebene an der Ill, ca. 4 km von den Weinbergen an der → **Route du Vin** entfernt. Station an der Bahnlinie
→ **Strasbourg** – → **Mulhouse**.

Geschichte: Bei einem an der Ill gelegenen fränkischen Königshof ließ die Stammutter der Staufer, die im Elsaß gebürtige Hildegard von Büren, eine Kapelle errichten, die sie französischen Mönchen schenkte. Diese gründeten hier 1094 das Kloster Ste-Foy, das zu einer Zelle französischsprachiger Kultur im damals deutschsprachigen Elsaß wurde. Die Staufer ließen die Siedlung, die sich um das Kloster entwickelt hatte, befestigen. Weitere religiöse Gemeinschaften siedelten sich im 13. Jh. in der Stadt an, wo Mitte des 15. Jh. eine Lateinschule gegründet und eine öffentliche Bibliothek eingerichtet wurde. Die Schule wurde zum Zentrum des Humanismus. Nach dieser Blütezeit im 15. Jh. wurde die Stadt mehrfach belagert und erobert, die Stadtbefestigung geschleift.

In der Humanistischen Bibliothek von Sélestat wurden die Bestände der ehemaligen Lateinschule sowie einer Privatbibliothek aus dem 16. Jh. zusammengefaßt.

Sehenswert: Nur zwei Türme, der **Hexenturm** und der auffällige, mit Erkern geschmückte **Uhrturm**, blieben erhalten, und idyllische Winkel mit Fachwerkhäusern wurden nur im Gerberviertel bewahrt. Was

jedoch die Touristen hierher bringt – übrigens weit weniger als nach → **Colmar** oder Strasbourg –, das sind die beiden Kirchen, die romanische **Église Ste-Foy** (2. Hälfte 11. Jh.) mit Krypta sowie die gotische **Église St-Georges** (13.–15. Jh.) mit eindrucksvoller Fassade und Glasfenstern aus dem 15. Jh.; und das ist vor allem die **Humanistische Bibliothek**, eine einzigartige Sammlung von kostbaren mittelalterlichen Handschriften sowie Frühwerken des Buchdrucks, untergebracht im ehemaligen Kornhaus (Mo.–Fr. 9–12 und 14–18, Sa. 9–12, Juli–Aug. auch Sa. und So. 14–17 Uhr). Hier befindet sich auch die in der Krypta von Ste-Foy gefundene Büste einer unbekannten Frau, deren Gesichtszüge, von Kalkmörtel bedeckt, als Gipsabdruck erhalten geblieben waren.

Einen Besuch wert ist der wöchentliche Gemüsemarkt in Sélestat, der seit 1435 abgehalten wird und einer der wichtigsten des Elsaß ist (jeweils Dienstag morgen).

Tourist-Info: Office de Tourisme, Commanderie St-Jean, Boulevard du Général Leclerc, F-67604 Sélestat Cedex, Tel. 03 88 58 87 20, Fax 03 88 92 88 63.

▶ ST-LOUIS: PLAN INCLINÉ (SCHIFFSHEBEWERK)

Höhe: 267 m *Karte: C7*

Lage: Das Schiffshebewerk befindet sich westlich von → **Saverne** am Canal de la Marne au Rhin im Département Moselle (Lothringen).

Geschichte: Um die Flüsse Rhein und Marne miteinander zu verbinden, wurde Mitte des 19. Jh. der **Canal de la Marne au Rhin** angelegt, eine 314 km lange Wasserstraße, die damals von kleinen Frachtschiffen mit breitem Bug, den sogenannten »Péniches«, befahren wurde. Zur Überwindung der Höhenunterschiede wurden 178 Schleusen und fünf Tunnels gebaut. Besonders gedrängt waren diese zeitraubenden Hindernisse bei St-Louis, wo 44,5 Höhenmeter mittels 17 Schleusen und einem Tunnel überwunden werden mußten. 8–13 Std. benötigten die Binnenschiffer für diese 4 km lange Strecke.

Sehenswert: Mittels einer Art Aufzug können hier nun die Boote – heute vorwiegend Freizeitboote – innerhalb von vier Minuten diesen Höhenunterschied von 44,5 m überwinden. Sie fahren in eine Art mobile Schleuse ein, die bis zu drei kleinere Boote aufnehmen kann und auf einer schiefen Ebene (plan incliné) auf großen Rollen nach oben bzw. unten gezogen wird, während sich zwei riesige Betonklötze – als Gegengewicht – jeweils in die andere Richtung bewegen.

Die »**Führung mit Beobachtung**« (Dauer 30 Min.) schließt die Vorführung eines Hebevorgangs sowie die Besichtigung des Maschinenraums und des Museums im ehemaligen Kahn Sophie Marie mit ein; bei der »Rundfahrt« (Dauer 45 Min.) nimmt man in einem Boot teil am Hebevorgang (täglich geöffnet, März–Nov. 13.30–16.30 Uhr; April, Sept.–Okt. 10–12 und 13.30–17 Uhr; Mai–Juni 9–12 und 13.30–18 Uhr; Juli–Aug. 10–18 Uhr).

▶ STRASBOURG

Höhe: 142 m *Karte: G/H 8/9*
Einwohnerzahl: 250000

Lage: Die Hauptstadt des Département Bas-Rhin und größte Stadt des Elsaß liegt zwischen Ill und Rhein. Sie ist per Bahn aus Richtung → **Mulhouse**, Saarbrücken und Offenburg zu erreichen. Bei der Anfahrt mit dem PKW empfiehlt sich der am Rand der Altstadt gelegene Parkplatz am Place de l'Etoile, von wo aus eine Tram ins Zentrum fährt.

Geschichte: Auf einer Insel zwischen zwei Armen der Ill erbauten die Römer 12 v. Chr. ein Militärlager namens Argentoratum, neben dem sich Gewerbetreibende und Händler niederließen. Diese Siedlung gewann schnell an Bedeutung aufgrund der günstigen Lage an der Ill, die sich mehrfach verzweigte, sowie an einem Rheinübergang und an der Kreuzung zweier wichtiger Handelsstraßen. »Strateburgum«, Burg der Straßen, nannten die Franken diesen Ort, der ab 870 zum Heiligen Römischen Reich Deutscher Nation gehörte und in dem bis Anfang des 13. Jh. die Bischöfe die Herrschaft innehatten. 1262 erkämpften sich die wohlhabenden Bürger dieser aufstrebenden Handelsstadt ihre Unabhängigkeit, und die Stadt erhielt den Status einer Freien Reichsstadt. Damit begann, bedingt durch die Lage am Rhein, damals wichtige Hauptverkehrsader, eine wirtschaftliche, aber auch kulturelle Blütezeit. Hier erfand **Johannes Gutenberg** den Buchdruck (um 1440) und arbeiteten im 16. Jh. Künstler wie der Maler **Hans Baldung Grien**, berühmte Goldschmiede, Teppichwirker, Glasmaler und Bildhauer, welche Kirchen und Bürgerhäuser ausstatteten.

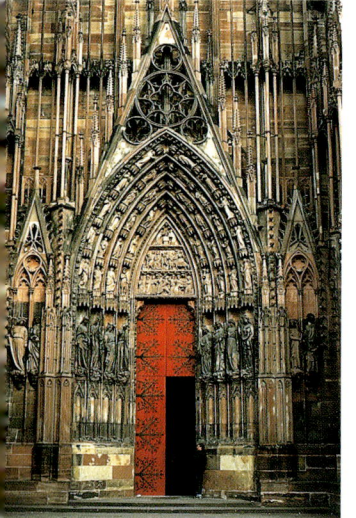

Eines der drei skulpturengeschmückten Portale an der Westfassade des Straßburger Münsters.

Außerdem wurde die Stadt zum Zentrum der Reformation und zur Zufluchtsstätte für verfolgte Reformationsanhänger. Mit dem 30jährigen Krieg (1618–48) endete diese Glanzzeit der Stadt, welche zwischen 1681 und 1944 abwechselnd zu Frankreich und zu Deutschland gehörte. Heute ist Strasbourg Sitz des Europarats und des Europäischen Parlaments, verfügt über den zweitgrößten Binnenhafen Frankreichs, eine Universität und ein bemerkenswertes Kulturleben.

Sehenswert: Günstiger Startplatz für eine Stadtbesichtigung ist der **Münsterplatz** (Place de la Cathédrale), das »Herz« der Stadt mit dem grandiosen gotischen **Münster** (Cathédrale Notre-Dame), das einen romanischen Vorgängerbau ersetzt und an dem vom 12. bis zum 16. Jh. mehrere Generationen von Baumeistern und Handwerkern arbeiteten. Eindrucksvoll ist die Westfassade mit dem reichen Skulpturenschmuck an den Portalen, mit der riesigen **Fensterrose** und dem 142 m hohen Turm. Im Kircheninnern beeindrucken vor allem die **Glasmalereien**, die Kanzel, der Engelspfeiler mit der Darstellung des Jüngsten Gerichts, die Silbermannorgel, die **astronomische Uhr** (Mitte 16. Jh.), an der sich jeweils um 12.30 Uhr die Figuren bewegen. Einen Überblick über die Altstadt mit ihren engen Gassen bietet die Aussicht vom **Münsterturm** (täglich ab 9 Uhr), dessen mühsame Besteigung sich lohnt, ehe man sich, ausgestattet mit einem Stadtplan (das »Office de Tourisme« befindet sich am Münsterplatz), auf den Stadtrundgang macht. In folgender Reihenfolge könnte man die Sehenswürdigkeiten aufsuchen: vom Münster zum nicht zu übersehenden **Maison Kammerzell**, einem prächtigen Fachwerkhaus, 1589 von einem Kaufmann errichtet und heute vielbesuchtes Restaurant. Dort stößt man auf die **Rue des Hallebardes**, eine enge Gasse (Fußgängerzone), von der weitere Gäßchen abgehen, die Rue des Orfèvres und Rue du Sanglier mit kleinen Geschäften und gemütlichen Weinstuben.

Auf der Rue des Hallebardes nach links erreicht man den **Place Gutenberg** (mittwochs Büchermarkt) mit dem Denkmal für Johannes Gutenberg, geht durch die Rue Gutenberg und die sich anschließende Grand'Rue, ebenfalls Fußgängerzone, bis zur **Kirche St-Pierre-le-Vieux** (14. Jh.), bestehend aus einem protestantischen Gotteshaus im Schiff (mit sehenswertem Lettner) sowie einem 1866 angebauten Gotteshaus für die Katholiken.

Nach links gelangt man zu den **Ponts Couverts**, ursprünglich gedeckte Holzbrücken, welche die drei zur Stadtbefestigung gehörenden Wehrtürme (13. Jh.) verbanden, jedoch 1860 durch Steinbrücken ersetzt wurden. Am Ende der Brücken lohnt ein Abstecher nach rechts zur **Terrasse Panoramique** auf der Barrage Vauban, Teil des Befestigungssystems vom Ende des 17. Jh. Von dort oben hat man einen sehr schönen Blick auf das alte Stadtviertel und die sich verzweigende Ill. Zurück zu den Pont Couverts und über den Quai du Woerthel zur Rue des Moulins im malerischen Viertel **La Petite France**, wo sich eine Pause in einem der zahlreichen Lokale anbietet.

Nach links gelangt man schnell in das nicht minder idyllische **Gerberviertel** mit stattlichen Fachwerkhäusern. Auf dem Uferweg der Ill entlang, unter der Pont St-Thomas hindurch und an der Pont St-Nicolas wieder hinauf zur Straße, wo sich das langgestreckte **Alte Zollhaus** (Ancienne Douane) befindet, wiederaufgebaut in der Form von 1358. An der nächsten Brücke, der Pont Corbeau, bietet sich ein Abstecher in das auf der anderen Illseite gelegene **Elsässische Museum** (Musée Alsacien) an, ein sehenswertes kleines Museum zur elsässischen Volkskunst.

Der Place du Marché-aux-Cochons-de-Lait, der einstige Ferkelmarkt, ist einer der malerischsten Plätze in der Altstadt von Strasbourg.

Links der Ill passiert man das **Historische Museum** (Musée Historique), das Stadtmuseum, eingerichtet im ehemaligen Schlachthaus »Metzig« (16. Jh.). Über den pittoresken Place du Marché-aux-Cochons-de-Lait, den einstigen Ferkelmarkt, und den Place du Marché aux Poissons, den Fischmarkt, erreicht man die **Ablegestelle** für die großen flachen Touristenboote, auf denen man sich Strasbourg vom Wasser aus ansehen kann (Dauer 1 Std. 15 Min.; Abfahrten April–Okt. 9.30–21 bzw. 22 Uhr alle 30 Min.). Oberhalb steht das **Château des Rohan** (18. Jh.), Residenz der Straßburger Fürstbischöfe, die aus der Familie Rohan stammten; heute sind hier drei Museen – Museum für Kunsthandwerk, Archäologisches Museum, Sammlung historischer Gemälde des Musée des Beaux Arts – untergebracht. Zwei weitere Museen befinden sich ebenfalls am Place du Château: das **Musée d'Art Moderne** und das **Musée de L'Oeuvre Notre Dame**, eine Sammlung von Kunstwerken des Mittelalters. Am Münsterplatz endet der Rundgang durch das Altstadtviertel.

Zur Unterbrechung des Spaziergangs im Viertel Petite France empfiehlt sich die Bierstub-Winstub L'ami Schutz (Les Ponts Couverts, Tel. 03 88 32 00 09) mit herrlicher Terrasse und elsässischen Spezialitäten.

Ausflug: Nach **La Wantzenau**, ein ehemaliges Fischerdorf im Norden der Stadt, wohin an Wochenenden die Straßburger strömen, um in einem der bekannten Lokale, u. a. Le Moulin und Hotel Zimmer, zu speisen. Spezialitäten sind hier im Ort Geflügel, Gänseleber, seit Generationen hier produziert, sowie Fischgerichte.

Tourist-Info: Office du Tourisme de Strasbourg et de sa région, 17, place de la Cathédrale, F-67082 Strasbourg Cedex, Tel. 03 88 52 28 28, Fax 03 88 52 28 29.

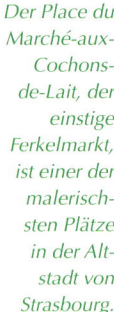

THANN

Höhe: 343 m	*Karte: E 19*
Einwohnerzahl: 9000	*Wanderung 28*

Lage: Kleinstadt am Ausgang des → **Vallée de la Thur**, ca. 20 km nordwestlich von → **Mulhouse** und am südlichen Ende der → **Route du Vin**.

Geschichte: An der wichtigen Handelsroute, die durch das Vallée de la Thur verlief, entwickelte sich im 13. Jh. um eine Mautstelle eine Siedlung, oberhalb welcher die Engelbourg errichtet wurde. Das befestigte Städtchen war aufgrund seiner strategisch wichtigen Lage sowohl vom 30jährigen Krieg als auch von den beiden Weltkriegen betroffen.

Sehenswert: Von der über der Stadt stehenden **Engelbourg** sind nur noch Reste vorhanden, u. a. ein Teil des umgekippten runden Bergfrieds, das sogenannte Hexenauge. Die einstige Stadtbefestigung ist bis auf den **Storchenturm** und den am Flüßchen Thur stehenden **Hexenturm** (Tour des sorcières; heute kleine Ausstellung zum Weinbau) verschwunden. In den Straßenzügen fallen mehrere Häuser aus dem 16. Jh. auf, vor allem rund um den Theobaldusbrunnen. Aus dem 16. Jh. stammt auch die Kornhalle, in der heute das **Heimatmuseum** (Mitte Mai–Mitte Okt. 10–12 und 14.30–18.30 Uhr) untergebracht ist. Thann ist weniger ein museales Fachwerkstädtchen als ein sympathisches, lebhaftes Kleinstädtchen, dessen Hauptanziehungspunkt die gewaltige **Kirche St-Thiébaut** ist, an der ab 1320 rund 200 Jahre lang gearbeitet wurde. Etwa 500 Figuren schmücken das 15 m hohe Portal an der Westfassade. Im Kircheninnern beachtenswert sind vor allem die Glasfenster (15. Jh.) sowie das Chorgestühl und die sogenannte Winzermadonna (um 1510) in der Marienkapelle.

Tourist-Info: Office de Tourisme, 6, place Joffre, F 68800 Thann, Tel. 03 89 37 96 20, Fax 03 89 37 04 58.

TURCKHEIM

Höhe: 240 m	*Karte: G 15*
Einwohnerzahl: 3500	

Lage: Auf Höhe von → **Colmar** liegt das Städtchen am Eingang zum → **Vallée de Munster**. Bahnverbindung Colmar–Metzeral sowie Busverbindung Colmar–Soultzeren über Turckheim.

Geschichte: Auch diesem Städtchen, das seit 1312 die Stadtrechte besitzt und im Mittelalter Mitglied im Zehnstädtebund war, brachte der Handel mit Wein im 15./16. Jh. einen gewissen Wohlstand, galt die Lage »Brand« doch schon damals als eine der besten des Elsaß.

Sehenswert: **Häuserfassaden** aus dem 16./17. Jh. mit hübschen Erkern, Volutengiebeln

Umzug des Nachtwächters Seit 500 Jahren wacht er über die schlafende Stadt, der Nachtwächter, der auch heute noch mit Horn, Hellebarde und Laterne durch die nächtlichen Straßen zieht – ein romantisches Szenario (1. Mai–30. Okt. jeweils um 22 Uhr Abmarsch am Corps de Garde).

und Fachwerk machen den Reiz der relativ kleinen Altstadt aus, die teilweise noch von einer Mauer umgeben ist, in welche drei **Stadttore** Einlaß gewähren: die Porte du Brand, wo der »Lalli«, eine Fratze, einstige Feinde abschreckte, die Porte de Munster, bis 1952 bewohnt, und die Porte de France, auf der die Störche nisten und durch welche die meisten Touristen den Ort betreten. Dahinter stößt man auf den **Place Turenne**, den Marktplatz, mit Brunnen und prächtigen alten Häusern: dem einstigen Wachthaus (heute Touristenbüro), dem Maison Schiehle mit schönem Erker, dem Rathaus (1598) und, etwas abseits, dem Hôtel des Deux Clefs, einer traditionsreichen Herberge, heute stilvoll-gemütliches Hotel. Vom Place Turenne geht die **Grand' Rue** ab, die sich seit dem 16./17. Jh. kaum verändert hat.

Tourist-Info: Office de Tourisme de Turckheim et environs, Corps de Garde, F-68230 Turckheim, Tel. 03 89 27 38 44, Fax 03 89 80 83 22.

▶ VALLÉE DE LA DOLLER

Höhe: 240–750 m	Karte: C 19 – E 20
	Wanderung 30

Lage: Das südlichste Vogesental zieht sich von → **Mulhouse** in westlicher Richtung bis zum Fuß des Ballon d'Alsace hinauf. Zu erreichen über die A 36, Ausfahrt Burnhaupt.

Sehenswert: Als das ländlichste aller Vogesentäler gilt das Vallée de la Doller, in dem **Masevaux** mit rund 3600 Einwohnern die einzige größere Ortschaft ist. In dem stets herausgeputzt wirkenden Ort läßt sich in der blumen- und fähnchengeschmückten Fußgängerzone gemütlich einkaufen und flanieren. Talaufwärts reihen sich ruhige Dörfer aneinander, oberhalb derer mehrere **Fermes Auberges** liegen, von denen einige mit Auto erreichbar sind, z. B. Ferme Auberge l'Entzenbach bei Niederbruck, Auberge du Schlumpf bei Dolleren, Ferme Auberge du Baerenbach bei Sewen; andere sind nur zu Fuß auf einem der zahlreichen Wanderwege zugänglich. Für Radfahrer wurde auf dem Talboden auf einer ehemaligen Bahntrasse ein Radweg angelegt, der von Sentheim bis hinauf nach Sewen führt.

Am Ende des Tals führt ein schmales Sträßchen, vorbei am **Lac d'Alfeld**, in dem Baden erlaubt ist, und an der Ferme Auberge Hinteralfeld, hinauf zum Ballon d'Alsace.

Tourist-Info: Office de Tourisme, Fossé des Flagellants, F-68290 Masevaux, Tel. 03 89 82 41 99, Fax 03 89 82 49 44.

▶ VALLÉE DE LA THUR

Höhe: 220–650 m   *Karte: D 17 – E 19*
                                                     Wanderungen 24, 25, 28

Lage: Das Thurtal schneidet von → **Thann** in nordwestlicher Richtung in die südlichen Vogesen hinein, im Westen begrenzt durch hohe Gipfel wie den Thanner Hubel (→ **Wanderung 28**), den Petit Drumont (→ **Wanderung 25**) und den Grand Ventron (→ **Wanderung 24**).

> **Eisenbahnromantik** verspricht eine Fahrt mit dem alte Dampfzug Train de la Doller, der an manchen Tagen zwischen Cernay St-André und Sentheim verkehrt. Die Tour dauert etwa 1 Std. (Juni–Sept. nur sonn- und feiertags jeweils 2 Fahrten, Juli–Aug. auch Mi.–Sa., jeweils nachmittags)

Geschichte: Bereits im Mittelalter führte die wichtige Handelsroute Holland–Norditalien durch das Tal, dessen unterer Abschnitt bis Husseren-Wesserling von den Lastzügen auch heute noch stark befahren wird, die den Col de Bussang als Vogesenübergang benutzen.

Sehenswert: Entlang dieser Straße siedelten sich im 18. Jh. mehrere Textilfabriken an, u. a. in Husseren-Wesserling, wo in einem ehemaligen Fabrikgebäude das **Oberelsässische Textilmuseum** (Musée Textile de Haute Alsace) untergebracht ist.

Reizvoll ist vor allem der obere Talabschnitt mit dem aufgestauten **Lac de Kruth-Wildenstein**, in dem geangelt wird, wo Tretboote bereit liegen und wo man in der Auberge du Lac einkehren kann.

Ausflüge: Ein Abstecher führt von Fellering über Urbès nach **Storckensohn**, wo eine Mühle aus dem 18. Jh. renoviert wurde und an manchen Tagen Öl aus Nüssen oder Raps bzw. Apfelsaft hergestellt wird (Juli–Aug. täglich 14.30–18 Uhr; weiteres Programm im Touristenbüro in Thann erhältlich).

In Bitschwiller-lès-Thann zweigt die **Route Joffre** (D 14) ab, ein reizvolles Bergsträßchen, das im Ersten Weltkrieg gebaut wurde, um das Vallée de la Thur mit dem → **Vallée de la Doller** zu verbinden.

Tourist-Info: Office de Tourisme, 6, place Joffre, F-68800 Thann, Tel. 03 89 37 96 20, Fax 03 89 37 04 58.

▶ VALLÉE DE MUNSTER

Höhe: 200–550 m   *Karte: E/F 16*
                                            Wanderungen 16, 19, 23

Lage: Das Tal der Fecht, nach dem Hauptort Vallée de Munster genannt, zieht sich von → **Turckheim**, das am Taleingang liegt**,** in westlicher Richtung hinauf bis zum Fuß des Vogesenkamms mit dem **Hohneck**. Bahnverbindung → **Colmar**–Munster–Metzeral; Busverbindung Colmar–Munster–Epinal.

Geschichte: Munster, mit rund 5000 Einwohnern der Hauptort des Tals, entwickelte sich aus einer im 7. Jh. gegründeten Benediktinerabtei, war im Mittelalter Freie Reichsstadt und Mitglied des Zehnstädtebunds, verlor jedoch ab dem 30jährigen Krieg nach und nach seine historische Bausubstanz: Die Stadtmauer wurde geschleift, die Klosterkirche in der Französischen Revolution abgerissen, die Häuser wurden im Ersten Weltkrieg zu 85% zerstört. Fabriken, vor allem Textilbetriebe, siedelten sich im 19. Jh. in der Umgebung an, und Munster wurde zu einem Zentrum der Textilindustrie.

Sehenswert: Heute ist Munster ein geschäftiges Städtchen, wo es zwar wenig Historisches zu betrachten gibt – erhalten ist das **Hôtel de Ville** (1550) mit schöner Renaissancefassade –, in dem sich aber gut einkaufen läßt, vor allem Munsterkäse (→ **Einkaufen**), der in den Bauernhöfen im Tal angeblich seit dem 9. Jh. hergestellt wird.

Landschaftlich reizvoll ist das gesamte, ca. 30 km lange Tal: Im unteren, flachen Talabschnitt – am besten zu »erfahren« auf der alten

Das reizvolle Vallée de Munster ist Teil des Naturparks Ballon des Vosges.

Straße, der D 10 – ziehen sich noch vereinzelte Weinberge die Hänge hinauf, liegen ruhige Dörfer, u. a. **Gunsbach**, wo Albert Schweitzer (→ **Kaysersberg**) seine Kindheit verbrachte und wohin er immer wieder zurückkehrte. In den Räumen seines Hauses ist heute das **Albert-Schweitzer-Museum** eingerichtet (8, rue de Munster; täglich außer Mo. 9–11.30 und 14–16.30 Uhr).

Westlich von Munster, wo sich das Tal gabelt, überwiegen Weideflächen, auf denen weiß-schwarze Vogesenrinder grasen, werden die Berge, die das Tal begrenzen, deutlich höher. Hier befindet man sich mitten im **Naturpark Ballons des Vosges**, über den man sich ausführlich im **Maison du Parc** in Munster (1, cour de l'Abbaye; Juni–Sept. täglich außer Mo. mittag 9.30–12.30 und 14–18.30 Uhr, Okt.–April Mo.–Fr. 10–12 und 14–18 Uhr) informieren kann. Im kleinen **Musée de la Schlitte** in Muhlbach-sur-Munster (Juli–Aug. täglich 10–12 und 15–18 Uhr, sonst nur Gruppen nach Vereinbarung, Tel. 03 89 77 61 08) wird die schwierige Arbeit der Holzabfuhr mit Hilfe von Holzschlitten dokumentiert.

Wie Munsterkäse hergestellt wird, erfährt man beim Besuch einer der Bergbauern, die ihre **Käserei** für Besucher öffnen, u. a. Ferme du Saesserlé (Breitenbach), Ferme Meyer (Muhlbach; 9.30–11 Uhr) und Ferme Trois Fours (an der → **Route des Crêtes** zwischen Col de la Schlucht und Hohneck; gegen 10 Uhr). Selbstverständlich werden die verschiedenen Käsesorten – Munster, Barikas, Siesskas – auch verkauft. Essen und Getränke bieten zusätzlich die zahlreichen → **Fermes Auberges** an, die man von der **Route du Fromage** aus, die in Munster beginnt, anfahren kann, z. B. Ferme Auberge Lameysberg bei Breitenbach oder Ferme Auberge Kahlenwasen am Petit Ballon.

Tourist-Info: Office de Tourisme de la Vallée de Munster, 1, rue du Couvent, F-68140 Munster, Tel. 03 89 77 31 80, Fax 03 89 77 07 17.

 ## WASIGENSTEIN (BURGRUINE)

Höhe: 340 m	Karte: G 2
	Wanderung 2

Lage: Unweit der Grenze zur Pfalz liegt mitten in den Wäldern der Nordvogesen die imponierende Burgruine, die nur zu Fuß vom **Parkplatz Klingelfels** an der Straße Niedersteinbach–Schönau (Pfalz) erreichbar ist.

Geschichte: Im 13. Jh. wurden die beiden Burgen Kleinwasigenstein und Großwasigenstein, die durch einen tiefen Spalt im Fels voneinander getrennt sind, erbaut, doch erwähnt wurde der »Wasichenstein« bereits in einem Ende des 9. Jh. entstandenen Heldenepos, im **Walt-harilied**. In der Umgebung soll der ungleiche Kampf stattgefunden haben zwischen dem Königsohn Walther von Aquitanien, der sich mit seiner Verlobten Hildegund auf der Flucht befand, und elf Helden, u.a. König Gunther von Worms und Hagen von Tronje. Diese drei Hauptelden wurden schwer verwundet, alle anderen starben.

Sehenswert: Auf einem steil abfallenden, schmalen Fels erhebt sich die Burgruine mitten im Wald, der sich das einst bewohnte Gebiet wieder zurückerobert. Bäume, beinahe so hoch wie die Ruine selbst, verstecken das Bauwerk, nur der Bergfried ragt wie ein Finger in die Höhe. Über steile, aus dem Fels herausgehauene Treppenaufgänge – Vorsicht bei Nässe! – steigt man zu den beiden verzaubert wirkenden Burgen hinauf. Nur wenige Meter sind es von der einen zur anderen, die zunächst verschiedenen Besitzern gehörten, dann in den Besitz des mächtigen Geschlechts der Herren von → **Fleckenstein** kamen, deren einstige Hauptburg nur wenige Kilometer entfernt war.

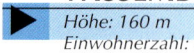

Zum **Einkehren** und auch **Übernachten** nach der Burgbesichtigung empfiehlt sich das idyllisch gelegene Dörfchen Obersteinbach mit mehreren Lokalen, u.a. dem Hotel Anthon mit schönem Garten und dem Hotel-Restaurant Wachtfels mit Terrasse.

WISSEMBOURG

▶ *Höhe: 160 m*   *Karte: 12*
  Einwohnerzahl: 7500

Lage: Am Rand der Nordvogesen und an der Grenze zur Pfalz liegt das Städtchen Wissembourg, das man per Auto von Bad Bergzabern oder vom Rheintal aus auf der D 3 durch das bewaldete Lautertal erreicht. Wissembourg liegt an der Bahnstrecke → **Strasbourg**–Wissembourg–Neustadt.

Geschichte: Keimzelle des Städtchens war die **Abtei**, die im 7. Jh. gegründet wurde und durch Schenkungen im 8. und 9. Jh. große Bedeutung gewann. Sie wurde zu einem wichtigen kulturellen Zentrum, in dessen Schreibstube die erste Dichtung in deutscher Sprache entstand: eine Nacherzählung der Evangelien durch den Mönch Otfried von Weißenburg. Um das Kloster entwickelte sich eine Siedlung, die zur Freien Reichsstadt erhoben wurde. Zwischen dem 15. Jh. und dem Zweiten Weltkrieg wurde die Stadt immer wieder in militärische Konflikte verwickelt und in Mitleidenschaft gezogen.

Sehenswert: Trotz schwerer Zerstörungen blieben einige alte Gebäude sowie die engen Sträßchen und das lauschige Viertel an der Lauter erhalten, was das gemütliche Städtchen besuchenswert macht. Einen Stadtrundgang beginnt man am besten an der ehemaligen Abteikirche **St-Pierre et St-Paul** (13. Jh.), die mit ihren beiden unterschiedlichen Türmen – dem romanischen Glockenturm und dem gotischen Vierungsturm – das Stadtbild prägt. In dem gewaltigen Innenraum sind vor allem einzelne Glasfenster sowie Wandmalereien aus dem 14./15. Jh. bemerkenswert. Auffällig ist die zehn Meter hohe Darstellung des hl. Christopherus. Vom ehemaligen Klosterkomplex blieb nur ein unvollendeter gotischer Kreuzgang übrig. An der Brücke über die Lauter fasziniert rechts das mächtige Dach des **Maison du Sel** (1448), das über die Jahrhunderte vom Hospital zum Salzlager und schließlich zum Schlachthaus wurde, sowie links der **Quai Anselmann**, die Uferstraße mit den stattlichen Patrizierhäusern. Über diesen gelangt man zur **Kirche St-Jean** mit romanischen und spätgotischen Teilen sowie Wandmalereien (15. Jh.) und einer schönen Kanzel (um 1600).

Von dort ist es nicht weit zu den einstigen **Befestigungsanlagen**, dem begehbaren Stadtwall (18. Jh.), nach rechts in der Rue du Musée zum **Musée Westercamp**, das in einem schönen Fachwerkhaus über die lokale Geschichte informiert, und zu den engen Gassen in diesem Viertel. Von der Kirche St-Jean nach links gelangt man über die Lauter in die im 15. Jh. angelegte Vorstadt **Quartier du Bruch**, wo gleich rechts das ehemalige Gerberhaus mit Renaissance-Erker auffällt,

> **Radtour an der Lauter** Angenehm an heißen Tagen ist eine Radtour auf markierten Wegen von Wissembourg entlang der Lauter über das auf deutscher Seite gelegene Ausflugslokal Bienwaldmühle ins Städtchen Lauterbourg.

heute Maison de l'Ami Fritz genannt, da es als Kulisse für den gleichnamigen Film diente. Hier schmücken Blumen die Fachwerkhäuser und sind an der offen fließenden Lauter noch die alten Wasserholstellen zu sehen.

Abschluß des Rundgangs könnte eine Einkehr mit Aussicht sein: entweder unter den Kastanienbäumen des »**Au Saumon**« (Place Poincaré) mit Blick auf die Lauter und die Kirche St-Pierre et St-Paul oder in der **Taverne de la Petite Venise** (3, rue de la République) mit Blick auf eine der malerischsten Ecken Wissembourgs, auf die alten Häuser an der Lauter, Petite Venise genannt.

Tourist-Info: Office de Tourisme, 9, place de la République, F-67163 Wissembourg, Tel. 03 88 94 10 11, Fax 03 88 94 18 82.

Wer Süßes mag, sollte einem der »Pâtissiers« oder »Chocolatiers«, für die Wissembourg bekannt ist, einen Besuch abstatten, z. B. Rebert (7, place du Marché-aux-Choux) mit Salon de thé.

Vorherige Doppelseite: In Ribeauvillé, einem der idyllischen Städtchen an der Weinstraße, läßt es sich genüßlich einkehren.

ANREISE MIT DEM AUTO

Von der Rheintalautobahn A 5 führen mehrere Straßen über den Rhein zu der auf elsässischer Seite verlaufenden A 35.

ANREISE MIT DER BAHN

Eine grenzüberschreitende Bahnverbindung besteht zwischen Neustadt (Pfalz) und → **Wissembourg** im Nordelsaß sowie zwischen Basel und → **Mulhouse**. Direkt erreichbar von der Rheintalstrecke auf deutscher Seite aus ist auch → **Strasbourg**, der Knotenpunkt aller Bahnlinien des Elsaß.

AUSKUNFT

Französisches Fremdenverkehrsamt, Westendstraße 17, 60325 Frankfurt am Main, Tel. 0 69/97 58 01-21, Fax 0 69/74 55 56; www.franceguide.com und www.maison-de-la-france.fr.

Comité Régional du Tourisme d'Alsace, 6, avenue de la Marseillaise – B.P. 219, F-67005 Strasbourg Cedex, Tel. 03 88 25 01 66, Fax 03 88 52 17 06.

Office Départemental du Tourisme du Bas-Rhin, 9, rue du Dôme – B. P. 53, F-67061 Strasbourg Cedex, Tel. 03 88 15 45 80, Fax 03 88 75 67 64.

Association Départementale du Tourisme du Haut-Rhin, 1, rue Schlumberger, F-68006 Colmar Cedex, Tel. 03 89 22 68 00, Fax 03 89 23 33 91.

Comité Régional du Tourisme de Lorraine, 1, place Gabriel Hocquard – B.P. 81004, F-57036 Metz Cedex 01, Tel. 03 87 37 02 16, Fax 03 87 37 02 19.

AUSRÜSTUNG

Empfehlenswert sind für alle Wandertouren knöchelhohe Wanderstiefel, ein Schutz gegen Regen und Wind – in den Hochvogesen kann es selbst im Sommer recht windig sein und wesentlich kühler als in der Ebene – sowie ein Tagesrucksack mit kleiner Apotheke, Sonnenschutz sowie Tagesproviant und Getränken.

CAMPINGPLÄTZE

Die rund 100 Campingplätze, die im gesamten Elsaß verteilt sind und von denen einige auch dicht bei den vielbesuchten Städten an der Weinstraße liegen, werden in der Broschüre »Camping Caravaning«

(kann beim Comité Régional du Tourisme d'Alsace angefordert werden) vorgestellt. Je nach Standard werden die Plätze klassifiziert mit bis zu vier Sternen. Einfacher und damit preisgünstiger sind die Plätze bei Bauernhöfen (camping à la ferme) sowie die naturnahen Plätze auf dem Land »Aires naturelles de Camping« und »Camping rurale«. Günstig gelegen als Ausgangspunkt sowie komfortabel sind u. a. folgende Plätze in:

Colmar-Horbourg-Wihr: Camping de l'Ill***, Tel. 03 89 41 15 94.

Guewenheim (Vallée de la Doller): Camping de la Doller***, Rue des Saules, Tel. 03 89 82 56 90.

Munster: Camping municipal du Parc de la Fecht***, Route de Gunsbach, Tel. 03 89 77 31 08.

Riquewihr: Camping intercommunal****, Tel. 03 89 47 90 08.

Saverne: Terrain municipal***, Rue du Père Liebermann, Tel. 03 88 91 35 65.

Turckheim: Camping municipal »Les Cigognes«****, 7, quai de la gare, Tel. 03 89 27 02 00.

Vallée de la Thur, Camping du Schlossberg***, Kruth, Tel. 03 89 82 26 76.

▶ DIEBSTAHL

Die Warnschilder »Attention: Vol!« auf den Parkplätzen, die vor allem von Touristen frequentiert werden, sollte man unbedingt ernstnehmen. Berichten und eigenen Erfahrungen zufolge lassen sich Diebe selbst auf bevölkerten oder zentral gelegenen Parkplätzen nicht davon abhalten, Autos aufzubrechen und auszurauben. Man sollte deshalb die **Anweisungen der Polizei** befolgen:

Schilder, die auf Parkplätzen vor Autodieben warnen, sollte man ernstnehmen.

– Fenster schließen,
– Türen (mit Schlüssel!) verschließen,
– keine Wertsachen (Handtaschen, Dokumente, Fotoapparate etc.) im Wagen lassen.

Im Falle eines Einbruchs den Vorfall bei der nächsten Gendarmerie melden und nicht vergessen, die Kreditkarten sperren zu lassen.

▶ EINKAUFEN

Gemüse und lokale Produkte (Légumes et produits régionaux)

Wochenmärkte, auf denen die regional erzeugten Produkte wie Honig, Obst, Gemüse, Wurstwaren und Käse angeboten werden, finden in der Regel zwischen 7 und 12 bzw. 13 Uhr statt; z. B.

montags: in Molsheim;

dienstags: in Haguenau (Halle au Houblin), Munster, Strasbourg (Boulevard de la Marne), Sélestat;

mittwochs: in Andlau, Dambach-la-Ville, Strasbourg (Place Broglie und Quai de Turckheim);

donnerstags: in Saverne, Obernai;

freitags: in Haguenau (Halle au Houblin), Strasbourg (Place Broglie und Quai de Turckheim);

samstags: in Barr (Rue de la Kirneck), Ribeauvillé, Munster, Strasbourg (Boulevard de la Marne).

Zahlreiche Bergbauernhöfe verkaufen ihren Käse und andere Produkte direkt ab Hof.

Käse (Fromage): Am bekanntesten ist der **Munster**, ein intensiv riechender, jedoch angenehm, cremiger Käse, der nach alter Tradition aus Kuhmilch hergestellt, von Hand geformt und drei Wochen gelagert wird, wobei er durch Abwaschen mit Salzwasser seine typische rötliche Kruste erhält. Vor allem im → **Vallée de Munster** kann er direkt in den Käsereien, z. B. Ferme Heinrich (Stosswihr), gekauft werden oder beim Bergbauern. Außerdem angeboten werden: »Barikas«, ein fester Bergkäse, auch Val St-Grégoire genannt; »Siesskas«, ein Frischkäse, der mit Zucker oder Kirschwasser serviert wird; »Wisskass«, ebenfalls ein Frischkäse, aber gesalzen. Géromé heißt der dem Munsterkäse verwandte Käse, der in der Region um → **Gérardmer** aus Rohmilch hergestellt wird.

Kristallglas (Cristal): Die Herstellung und Bearbeitung von Kristallglas hat in den Vogesen eine jahrhundertealte Tradition, welche besonders auf der lothringischen Seite der Vogesen fortgesetzt wird. Bekannt sind die »Cristallerie« in Vallérysthal (westlich von → **Dabo**, Tel. 03 87 25 11 33) und diejenige in La Rochère (westlich von → **Gérardmer**).

Marmelade (confiture): Auf Märkten, in Geschäften und auf Bauernhöfen werden köstliche Marmeladen angeboten, hergestellt aus den Beeren und Früchten der Region, u. a. aus Heidelbeeren (myrtilles), wilden Brombeeren (mûres), Hagebutten (églantine) oder Mirabellen. Geschäfte mit großer Auswahl sind u. a.:

Les confitures du Climont, La Salcée, 67420 Ranrupt, Tel. 03 88 97 72 01, täglich geöffnet, und

Christine Ferber, 18, rue des Trois Épis, Niedermorschwihr; ca. 100 verschiedene Konfitüren, Gelées und süßsaure Früchte.

Schnäpse (eaux-de-vie): In den zahlreichen Schnapsbrennereien in den Vogesentälern wird eine große Auswahl an Schnäpsen angeboten, hergestellt aus den verschiedensten Obstsorten, Beeren und Wurzeln, u. a. auch aus Eberesche (alisier), Holunder (sureau) oder Königskerze (fleur de bouillon blanc). Klassiker sind das Kirschwasser und der Marc de Gewurztraminer, ein Trester. Eine große Auswahl bieten u. a. folgende Destillerien:

Distillerie Bertrand, 3, rue du Maréchal Leclerc, Uberach, Tel. 03 88 07 70 83;

Nusbaumer, 23, Grand'Rue, Steige, Tel. 03 88 57 16 53;

Miscault, Rue du Général-Dufieux, Tel. 03 89 47 50 26, Lapoutroie (mit Musée des Eaux-de-vie);

in Ribeauvillé, u. a. Jean-Paul Metté, 9, rue des Tanneurs.

Stopfleber (foie gras): Eine elsässische Spezialität ist die um 1780 in → **Strasbourg** kreierte Paté aus der Leber gestopfter Gänse (d'oie) oder Enten (du canard), in Scheiben, in der Terrine oder im Glas zum Verkauf angeboten u. a. in:

Gueberschwihr, Canoie, 1, rue des Mouches, Tel. 03 89 49 21 74;

La Wantzenau, Paul Hirsch, 1, rue de l'École, Tel. 03 88 96 20 14;

Strasbourg, La Boutique du Foie Gras, 6, rue Friesé, Tel. 03 88 32 28 42.

Die Auslagen der rund zehn Töpfereien in Soufflenheim verlocken zum Kauf der farbenprächtigen Steingutwaren.

Töpferwaren (poteries): Nordöstlich von → **Haguenau** bieten in Soufflenheim rund 10 Töpfer bunt bemaltes Steingut an, hitzebeständige Backformen, Teller, Schüsseln, Terrine-Formen. Im nahegelegenen Betschdorf haben sich die Töpfer auf wasserdichtes Steinzeug spezialisiert, auf Krüge, Becher und Kannen in den typischen blau-grauen Farben.

▶ ESSEN UND TRINKEN

Das bekannteste elsässische Gericht ist sicherlich das **Sauerkraut** (Choucroute), in Riesling gekocht und traditionell serviert mit verschiedenen Würstchen, mit Speck und manchmal Eisbein (Waedele) oder Leberknöpfle. Doch auch Fisch wird immer häufiger dazu gereicht.

Flammenkuchen (Tarte flambée), ein hauchdünner Kuchen, bestrichen mit Sahne und belegt mit Speckwürfeln sowie Zwiebeln, wird traditionsgemäß im heißen Backofen nur wenige Minuten gebacken und vor allem samstagabends angeboten in zahlreichen Lokalen in den Ausflugsorten.

In vielen Gast-höfen wird Flammenku-chen, eine der elsässischen Spezialitäten, angeboten.

Baeckeoffa ist eine Art Eintopf, bestehend aus Fleisch, Kartoffeln und Zwiebeln, in einer Steingutform im Ofen gegart, in Restaurants häufig nur für 2 Personen oder auf Vorbestellung zu haben.

Kleine Gerichte wie Presskopf vinaigrette, Fleischpastete, Bratkartoffeln mit Munsterkäse, Königinpastete, Fleischschnecken (Fleischmasse eingerollt in Nudelteig), Straßburger Wurst oder Wurstsalat werden in den Weinstuben angeboten.

Bei den **elsässischen Weinen** stehen sieben Weinsorten zur Auswahl: sechs weiße – Riesling, der bekannteste Wein des Elsaß, Sylvaner, Pinot blanc, Muscat d'Alsace, Tokay Pinot Gris, Gewürztraminer – und ein roter, der Pinot Noir. Der Edelzwicker ist eine Mischung verschiedener Rebsorten. Besondere Weine sind die rund 50 Grand Crus, gekeltert aus reifen Trauben der besten Lagen.

Wein kann sowohl beim Winzer (vente directe) als auch in den zahlreichen Winzergenossenschaften (cave vinicole) gekauft werden.

- **Bergheim:** Wistub du Sommelier, 51, Grand'Rue, Tel. 03 89 73 69 99 (zurückhaltend eingerichtete Weinstube mit enormem Weinangebot).

- **Colmar:** Winstub Brenner, 1, rue Turenne, Tel. 03 89 41 42 33 (kleine Weinstube mit traditioneller Küche).

- **Handschuheim:** A l'Espérance, 5, rue Principale, Tel. 03 88 69 00 52 (bekannt für Flammenkuchen, im Holzofen gebacken).

- **Hartmannswillerkopf:** Ferme Auberge Molkenrain, Tel. 03 89 81 17 66 (rustikaler, gepflegter Bergbauernhof mit typischen Gerichten).

- **Kaysersberg:** Chambard, 9–13, rue du Général-de-Gaulle, Tel. 03 89 47 10 17 (Feinschmeckerlokal mit elegantem Speiseraum).

- **Kutzenhausen:** Auberge de la Ferme du Fleckenstein, 26, Route de Soultz, Tel. 03 88 80 69 00 (in ehemaligem Gehöft eingerichtetes Restaurant mit regionaler Küche).

- **Obernai:** Winstub Bruno Sohn, 6, rue de la Gare, Tel. 03 88 95 55 34 (stilvolle Räume, kreative Küche).

- **Ottrott-le-Haut:** L'Ami Fritz, 8, rue des Châteaux, Tel. 03 88 95 80 81 (renommiertes Restaurant mit freundlichem Ambiente und ungezwungener Atmosphäre).

- **Sigolsheim:** Auberge Au Pont de la Fecht, Tel. 03 89 41 48 12 (in Waldgelände in der Ebene gelegenes Ausflugslokal, große Terrasse).

- **Strasbourg:** Winstub Hailich Graab, 15, rue des Orfèvres, Tel. 03 88 32 39 97 (urige Weinstube nahe des Münsters).

Auch **Bier** wird im Elsaß getrunken, seit dem 13. Jh. in mehreren Brauereien vor allem in und um → **Strasbourg** hergestellt. Heute produzieren u. a. noch die Brauereien Fischer, Heineken, Kronenbourg und Méteor, wo teilweise Betriebsbesichtigungen möglich sind.

▶ FERMES AUBERGES (BERGGASTHÖFE)

Aus der einstigen »Marcaire« (Melkerei), in welcher die Bauern in den Bergen den Sommer verbrachten, wurde mit der zunehmenden Zahl an Gästen die »Ferme Auberge«, der Berggasthof mit einfachen Räumen, ein paar Tischen vor dem Haus und kleiner Speisekarte. Beinahe überall wird mittags das »Repas marcaire« angeboten, bestehend aus Fleischpastete, Bratkartoffeln (Roigabrägeldi) mit Kassler und Salat, Munster und Nachtisch. Für dieses Mittagessen ist Vorbestellung am Wochenende sehr zu empfehlen. Nachmittags und abends werden kalte Gerichte serviert: Speck (lard fumé), roher Schinken (jambon cru) und natürlich der meist vor Ort hergestellte Munsterkäse, der auch gekauft werden kann. Geöffnet sind viele nur zwischen Mitte Mai und Mitte Oktober.

▶ FERNWANDERWEGE

Durch die Vogesen führen in Nord-Süd-Richtung fünf Fernwanderwege – Grandes Randonnées Pedestres (GR) –, die sich mehrfach kreuzen bzw. gelegentlich auf kurze Strecken auch identisch sein können.

GR 5: Aus Richtung Nancy–Abreschwiller/Donon–elsässische Weinbergzone–Vogesenkamm–Belfort.

GR 53: (Zweig des GR 5): Wissembourg–Donon bzw. Mont Ste-Odile, wo er in GR 5 einmündet.

GR 531: Soultz-sous-Fôret–La Petite Pierre–Schirmeck–Hohneck–Ballon d'Alsace–Masevaux (Doller-Tal)

GR 532: Wissembourg–Fréconrupt (Lothringen)–Lièpvre–Vogesenkamm–Turckheim–Petit Ballon–Belfort.

GR 533: Aus Richtung Sarrebourg/St-Dié–Gérardmer–Ballon de Servance–Belfort.

Die zahlreichen Wander- und Fernwanderwege werden vom Club Vosgien bestens ausgeschildert.

Auf einigen Teilstrecken wird Wandern ohne Gepäck angeboten, u. a. von Tour Hôtel Alsace, Hôtel la Rubanerie, La Claquette, 67570 Rothau, Tel. 03 88 97 01 95.

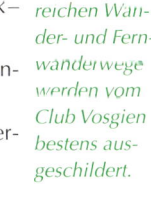

▶ JUGENDHERBERGEN (Auberges de jeunesse)

Cernay, 16a, faubourg de Colmar, Tel. 03 89 75 44 59;

Colmar, 2, rue Pasteur, Tel. 03 89 80 57 39;

Lautenbach, La Schellimatt, Tel. 03 89 74 26 81 (nur an Wochenenden und in Schulferien geöffnet);

Mulhouse, 37, rue de l'Illberg, Tel. 03 89 42 63 28;

Saverne, Château des Rohan, Tel. 03 88 91 14 84;

Strasbourg, Auberge de jeunesse Parc du Rhin, rue des Cavaliers, Tel. 03 88 60 10 20;

Strasbourg, Auberge de jeunesse René Cassin, 9, rue de l'Auberge de Jeunesse, Tel. 03 88 30 26 46;

Woerth, 10, rue du Moulin, Tel. 03 88 54 03 30.

Weitere Unterkünfte zu günstigen Preisen oder für Gruppen finden sich in der Broschüre »Hébergements associatifs«, die bei den zentralen Touristenbüros von Bas-Rhin und Haut-Rhin (→ **Auskunft**) zu haben ist.

▶ KARTEN

Als Übersichtskarten eignen sich Straßenkarten verschiedener Verlage, z. B. vom Verlag Michelin das Blatt 242, Alsace et Lorraine, 1:200 000, in der Kartenserie Carte Routière et Touristique. Sehr praktisch auf Grund eines Ortsregisters ist die vom Ravenstein Verlag publizierte Karte Elsaß/Lothringen, 1:250 000.

Detailliert und sehr anschaulich, daher als Straßenkarten sehr gut geeignet, sind die Kartenblätter der »Série Verte« des Institut Géographique National (IGN) im Maßstab 1:100 000; für die Vogesen handelt es sich um Blatt 12 (Strasbourg/Forbach), Blatt 23 (Nancy/Bar-le-Duc), Blatt 30 (Besançon/Épinal) und Blatt 31 (St-Dié/Mulhouse/Bâle).

Für Wanderungen hervorragend geeignet sind die Kartenblätter TOP 25, 1:25 000, in der »Série Bleue« des Institut Géographique National; eingetragen sind Wanderwege mit jeweiliger Markierung, Sehenswürdigkeiten, Aussichtspunkte, Fermes Auberges, Campingplätze, Reiterhöfe, Frei- und Hallenbäder, Golfplätze etc.

Die Kartenserie der IGN ermöglicht auch in unübersichtlichem Gelände sichere Orientierung.

In Neubearbeitung befinden sich die Blätter der Serie »Carte des Vosges«, 1:50 000, teilweise 1:25 000, des Club Vosgien in Zusammenarbeit mit dem Institut Géographique National; eingetragen sind die markierten Wanderwege mit den jeweiligen Markierungszeichen. Die derzeit im Buchhandel erhältlichen Kartenblätter sind veraltet. Alle oben genannten Karten sind im Buchhandel erhältlich. Bestelladresse u. a.: Jürgen Schrieb, Karten und Reiseführer-Versandbuchhandlung, Schwieberdinger Str. 10/2, 71706 Markgröningen, Tel./Fax 0 71 45/2 60 78.

▶ NOTFÄLLE

Polizei: 17
Feuerwehr: 18
Krankenwagen: 17 oder 18

Bei einem Unfall in den Vogesen: »Secours en montagne« in Munster, Tel. 03 89 77 14 22.

▶ REISE- UND WANDERZEIT

Das Elsaß ist ein ganzjähriges Reiseziel, denn jede Jahreszeit hat hier ihren eigenen Reiz: das Frühjahr mit der Obstbaumblüte, der Sommer mit den zahlreichen Festen, der Herbst mit der Weinlese und den bunten Weinbergen, der Winter mit den Weihnachtsmärkten. Hauptreisesaison sind Juli und August, wo es entlang der Weinstraße sehr belebt sein kann.

Wandertouren in den Vorbergen sind jederzeit möglich, ideal jedoch ist die Zeit zwischen Mitte April und Juni sowie September und Oktober, denn im Juli und August kann es heiß und drückend werden. In den höheren Lagen der Vogesen kann an schattigen Steilhängen bis in den Juni Schnee liegen, weshalb die ideale Wanderzeit hier Mitte Juni bis Mitte Oktober ist; dann haben auch alle Fermes Auberges geöffnet.

▶ TELEFONIEREN

Vom Ausland nach Frankreich: 00 33 + die letzten 9 Zahlen der Teilnehmernummer, die vorangestellte »0« entfällt.

Von Frankreich nach Deutschland: 00 49 + Teilnehmernummer ohne vorangestellte »0«.

▶ UNTERKÜNFTE

An Unterkünften herrscht im Elsaß kein Mangel. Zur Auswahl stehen Hotels, Privatzimmer (Chambres d'hôtes), einfache Unterkünfte in manchen Fermes Auberges.

Im folgenden eine kleine Auswahl:

Ammerschwihr: L'arbre vert**, 7, rue des Cigognes, Tel. 03 89 47 12 23 (angenehmes Logis de France mit schöner Terrasse).

Colmar: Le Colombier***, 7, rue Turenne, Tel. 03 89 23 96 00 (im Viertel La Petite Venise).

Dambach-la-Ville: Caveau Nartz, 12, place du Marché, Tel. 03 88 92 41 11 (Privatzimmer in hübschem Fachwerkhaus am Marktplatz).

Eguisheim: Hostellerie du Pape***, 10, Grand'Rue, Tel. 03 89 41 41 21 (am Rand des Städtchens, mit schönem Hof).

Entzheim: Hôtel Père Benoît**, 34, route de Strasbourg, Tel. 03 88 68 98 00 (in einem ehemaligen Gehöft, stimmungsvoller Innenhof).

Guebwiller: Hôtel du Lac**, 244, rue de la République, Tel. 03 89 76 63 10 (ruhige Lage am Ortsrand an kleinem See).

Kaysersberg: Constantin***, 10, rue du Père-Kohlmann, Tel. 03 89 47 19 90 (modernes, sympathisches Haus in Seitenstraße der Hauptstraße).

Landersheim: Domaine de Kochersberg***, 2, route de Saessolsheim, Tel. 03 88 87 82 82 (eleganter Hotelkomplex in Parkanlage).

La Petite Pierre: Auberge d'Imsthal**, Tel. 03 88 01 49 00 (ruhig gelegen an einem Teich außerhalb des Orts).

La Vancelle: Le Frankenbourg**, 13, rue du Général-de-Gaulle, Tel. 03 88 57 93 90 (ruhig gelegen in einem Bergdorf).

Marlenheim: Le Cerf***, 30, rue du Général-de-Gaulle, Tel. 03 88 87 73 73 (ehemalige Posthalterstation, schöner Innenhof).

Obernai: Le Parc****, 169, route d'Ottrott, Tel. 03 88 95 50 08 (zentral gelegen und dennoch mitten in einem Park).

Ostwald: Château de l'Île****, 4, Quai Heydt, Tel. 03 88 66 85 00 (Schloßhotel in Parkanlage in einer Schleife des Flusses Ill).

Rouffach: Château d'Isenbourg****, Tel. 03 89 78 58 50 (luxuriöses Schloßhotel oberhalb von Rouffach mit phantastischem Ausblick).

Route des Crêtes: Ferme Auberge des Trois-Fours, Tel. 03 89 77 31 14; ca. 3 km südlich des Col de la Schlucht (einfache Zimmer in Bergbauernhof mit Blick auf Le Hohneck).

Strasbourg: Hôtel de l'Ill**, 8, rue des Bateliers, Krutenau, Tel. 03 88 36 20 01 (preisgünstiges, ruhig gelegenes Hotel garni am südöstlichen Altstadtrand).

Neben den zahlreichen Hotels bieten auch Privatleute Fremdenzimmer (Chambres d'hôtes) an.

Tips

- **Bergheim:** Chez Norbert, 9, Grand' Rue, Tel. 03 89 73 31 15 (aus alten Materialien aufgebautes Haus mit üppig grünem Innenhof).

- **Itterswiller:** Hotel Arnold***, 98, Route du Vin, Tel. 03 88 85 50 58 (traditionsreiches Haus in hübsch gelegenem Dorf inmitten von Weinbergen).

- **Kientzheim:** Hostellerie Schwendi**, 2, place Schwendi, Tel. 03 89 47 30 50 (Familienbetrieb in ruhigem Winzerort).

- **Lapoutroie:** Les Alisiers**, 5, Faude, Tel. 03 89 47 52 82 (zu gepflegtem Hotel mit Restaurant umgebauter Bauernhof in Aussichtslage).

- **Obersteinbach:** Hotel Anthon**, 40, rue Principale, Tel. 03 88 09 55 01 (im ländlichen Steinbachtal, mit schönem Garten).

- **Ribeauvillé:** Le Clos St-Vincent****, Route de Bergheim, Tel. 03 89 73 67 65 (gepflegtes Haus mitten in den Weinbergen).

- **Rouffach:** Bollenberg***, Domaine du Bollenberg, Tel. 03 89 49 62 47 (stilvolles Haus in einsamer Hügellage).

- **Turckheim:** Deux Clefs**, 3, rue du conseil, Tel. 03 89 27 06 01 (traditionsreiche Herberge in Fachwerkhaus in Ortsmitte).

- **Voegtlinshoffen:** Belle Vue, Route du Vin, Tel. 03 89 49 30 35 (kleines Hotel an Ortsrand mit Blick auf Weinberge).

- **Zellenberg:** Schlossberg***, 59a, rue de la Fontaine, Tel. 03 89 47 93 85 (in hochgelegenem Winzerort an Weinstraße, Blick auf Weinberge).

St-Hippolyte: Munsch/Aux Ducs de Lorraine***, 16, route du Vin, Tel. 03 89 73 00 09 (Fachwerkhaus am Rand des Winzerdorfs mit Blick auf Weinberge).

Vallée de la Thur: Auberge du Mehrbächel, route de Geishouse, St-Amarin, Tel. 03 89 82 60 68 (in Aussichtslage; Zimmer in modernem Anbau).

Westhalten: Auberge Cheval Blanc***, 20, rue de Rouffach, Tel. 03 89 47 01 16 (urtümliches Haus in ruhigem Dorf an der südlichen Weinstraße).

Wissembourg: Au Cygne**, 3, rue de Sel, Tel. 03 88 94 00 16 (Fachwerkhaus in der Altstadt).

Die Auswahl an traditionsreichen, stilvollen Hotels ist im Elsaß groß.

▶ WETTERVORHERSAGE

Die Wettervorhersage kann telefonisch abgefragt werden:
für Bas-Rhin: 08 36 68 02 67; für Haut-Rhin: 08 36 68 02 68.

KLEINER SPRACHFÜHRER

casse-croûte Imbiß
cuisine traditionelle traditionelle Küche
déjeuner Mittagessen
menu du jour Tagesmenü
petit déjeuner Frühstück
petit plat kleines Gericht
plat régional lokale Spezialität
repas chaud warmes Essen
repas marcaire »Melkermahlzeit« in den Fermes Auberges: Menü, bestehend aus Fleischpastete, Roigabrägeldi (Bratkartoffeln) mit Kassler und Salat, Munster und Nachtisch
agneau Lamm
ail Knoblauch
asperge Spargel
baeckeoffa Eintopf aus Fleisch, Kartoffeln und Zwiebeln
beurre Butter
bibeleskäs Quark, salzig gewürzt
bière Bier
boeuf Rind
boisson Getränk
bouteille Flasche
café au lait Milchkaffee
canard Ente
cerf Hirsch
cerise Kirsche
chèvre Ziege(-nkäse)
choucroute Sauerkraut, serviert mit Würstchen und Fleisch
civet Wildragout
coq Hahn
cuisses de grenouille Froschschenkel

eau minérale Mineralwasser
eau-de-vie Schnaps
Fleischschnecken Fleischmischung, in Nudelteig eingerollt, quer aufgeschnitten und angebraten
foie Leber
foie gras Stopfleber
fraise Erdbeere
framboise Himbeere
fromage Käse
fruits Obst
gâteau Kuchen
gendarme geräuchte Wurst, rechteckig gepreßt (Landjäger)
gibier Wild
glace Eis
hareng Hering
jambon Schinken
jarret Haxe
knack gekochte Straßburger Wurst
Kougelhopf Hefekuchen, im Napf gebacken, entweder süß mit Rosinen und Mandeln oder salzig mit Speck
lait Milch
lard Speck
légumes Gemüse
miel Honig
nouilles Nudeln
oeuf Ei
oignon Zwiebel
pain Brot
paté Pastete
poisson Fisch
pomme Apfel
pommes de terre Kartoffeln
porc Schwein
porc fumé Kassler
potage Suppe
presskopf Schweinskopfsülze
raisin Traube
riz Reis
sandre Zander

sanglier Wildschwein
saucisse Wurst
saumon Lachs
sucre Zucker
tarte flacher Kuchen
tarte flambé Flammenkuchen (Kuchen aus dünnem Brotteig mit Sahne, Speck und Zwiebeln belegt)
thé Tee
tourte Pastete
truite Forelle
veau Kalb
verre Glas
vin blanc Weißwein
vin rouge Rotwein
volaille Geflügel

abri Schutzhütte
auberge Gasthaus
balisé markiert
carrefour Kreuzung
cascade Wasserfall
chapelle Kapelle
château Schloß, Burg
chemin Weg
col Sattel, Paßhöhe
crête Kamm
direction Richtung
église Kirche
étang Weiher
ferme auberge Bergbauernhof, Alm
fôret Wald
gorge Schlucht
lac See
maison forestière Forsthaus
refuge Berg-(Schutz-)hütte
rivière Fluß
ruisseau Bach
rocher Felsen
sentier Weg
source Quelle
tour Turm
vallée Tal
village Dorf

REGISTER

Kursive Ziffern verweisen auf Bildlegenden, **fette** auf ausführliche Erwähnungen.

DER AUTOR

Erich Elsner (geb. 1949) bereist immer wieder das Elsaß, um in den Vogesen zu wandern, Städte und Dörfer zu besuchen, Wein und Essen zu genießen. Seine Kenntnisse, seine Erfahrungen und seine Vorliebe für diese Region bringt er in diesen Wanderführer ein.

Eine Produktion des **Bruckmann**-Teams, München
Konzeption (verantwortlich): Robert Fischer
Layoutentwurf und Umschlaggestaltung: Studio Schübel, München
Lektorat und Bildredaktion: Pierre Sick
Layoutrealisation und DTP-Produktion: AVAK Publikationsdesign, München
Kartographie: Elsner & Schichor, Karlsruhe.

Titelfoto: Look/Christian Heeb
Umschlagrückseite: Look/Christian Heeb

Alle Fotos im Innenteil von Erich Elsner, außer:
laif/Hedda Eid: S. 114, 133, 142
Martin Thomas: S. 2, 8/9, 18, 22/23, 110/111, 154/155, 164.

Alle Angaben dieses Werkes wurden vom Autor sorgfältig recherchiert und auf den aktuellen Stand gebracht sowie vom Verlag auf Stimmigkeit geprüft. Für die Richtigkeit der Angaben kann jedoch keine Haftung übernommen werden. Für Hinweise und Anregungen sind wir jederzeit dankbar. Bitte richten Sie diese an den Bruckmann Verlag, Lektorat, Nymphenburgerstraße 86, 80636 München.

Gedruckt auf chlorfrei gebleichtem Papier

Die Deutsche Bibliothek – CIP-Einheitsaufnahme

Elsner, Erich:
Elsass & Vogesen : mit großer Reisekarte zum Herausnehmen / Erich Elsner. – München : Bruckmann, 1999
(Wandern & Erleben)
ISBN 3-7654-3506-6

Gesamtverzeichnis gratis:
Bruckmann Verlag, Nymphenburger Str. 86, 80636 München
Internet: www.bruckmann.de